Martin Dornes

Macht der Kapitalismus depressiv?

Über seelische Gesundheit
und Krankheit
in modernen Gesellschaften

FISCHER

Erschienen bei FISCHER Taschenbuch
Frankfurt am Main, Mai 2016

© 2016 S. Fischer Verlag GmbH, Hedderichstr. 114,
D-60596 Frankfurt am Main
Satz: Fotosatz Amann, Memmingen
Druck und Bindung: CPI books GmbH, Leck
978-3-596-03659-2

Inhalt

Einleitung

In der Öffentlichkeit, aber auch in manchen Fachkreisen, ist die Auffassung weit verbreitet, die Entwicklung moderner Gesellschaften gehe mit einer Zunahme psychischer Erkrankungen einher. Eine solche Feststellung wird oft mit einer Gesellschaftskritik verbunden, der zufolge die Entwicklung vom keynesianischen Wohlfahrtsstaat zum neoliberalen Kapitalismus seit 1980 für diese Entwicklung mitverantwortlich sei. Vor allem die Verschärfung des Konkurrenz- und Leistungsdrucks in Betrieb und Schule, die Zunahme sozialer Ungleichheit sowie die allgemeine Beschleunigung des Lebenstempos sollen zu Veränderungen in der primären Sozialisation und in der Lebenswelt geführt haben, die das gehäufte Auftreten von psychischen Erkrankungen im Allgemeinen und von Depressionen im Besonderen begünstigen. Im vorliegenden Essay wird diese Auffassung in ihrem Wirklichkeitsgehalt untersucht.

Im *ersten Kapitel* zeige ich, dass die These, psychische Krankheiten hätten zugenommen, einer genaueren Überprüfung nicht standhält. Was jedoch zugenommen hat, ist die Sensibilität für Symptome oder Syndrome, die wir früher nicht unter der Rubrik Krankheit wahrgenommen, sondern ignoriert oder als Bestandteil gewöhnlichen Lebensunglücks verstanden haben. Diese Wahrnehmungsveränderung ist Ausdruck eines Sensibilisierungsprozesses. Er geht einher mit häufigeren und genaueren Untersuchungen, einer Ausdehnung des Spektrums möglicher Krankheiten, einer Ausweitung des Versorgungsangebots und – im Gefolge all dieser Entwicklungen – mit einer Zunahme von Krankheits*diagnosen*. Diese spiegeln jedoch keine Zunahme der wirklichen Erkrankungen wider, sondern einen kulturellen Wandel im Krankheitsverständnis bzw. in der Definition von psychischer Krankheit. Um es in einem Bild auszudrücken: Die Größe eines Eisbergs kann konstant bleiben, aber wenn der Wasserpegel sinkt, sehen wir immer mehr von ihm. Der sinkende Wasserpegel in diesem Bild entspricht der steigenden Sensibilität. Wir sehen mehr Krankheiten, obwohl es nicht mehr geworden sind. Ein vergleichbares Phänomen ist in der Kriminologie unter dem Begriff der Dunkelfeldaufhellung bekannt. Wenn die Zahl der Gewalttaten auf Schulhöfen (scheinbar) zunimmt, sind wir nur allzu bereit anzunehmen: »Schulgewalt nimmt zu.« Aber in Wirklichkeit hat die Sensibilität für Schulgewalt zugenommen. Wir schauen genauer hin, betrachten manches als Gewalt, was wir früher als Rauferei betrachtet hätten, und melden einschlägige Vorfälle häufiger. Deshalb nimmt die statistisch erfasste Schulgewalt zu, obwohl die wirkliche Häufigkeit konstant geblieben ist oder sogar abgenommen hat. Ähnlich verhält es sich mit Gewalt in der Ehe oder sexuellem Kindesmissbrauch. Sie alle haben abgenommen, obwohl der gegenteilige Eindruck entsteht, weil noch nie so viel darüber berichtet wurde wie heute. Die zentrale Erkenntnis des ersten Kapitels ist, dass die Krankheitsdiagnosen zunehmen, aber die Krankheiten nicht. Einer Sozialkritik, die sich auf die Behauptung stützt, die Gesellschaft mache in zunehmendem Maße psychisch krank, fehlt somit das sachliche Fundament.

Im *zweiten Kapitel* gehe ich den verschiedenen Begründungen für die (angeblich) steigenden psychischen Erkrankungen nach, insbesondere der These, Arbeit und Schule würden immer anstrengender und leistungsintensiver. Dieses Thema ist unter der Überschrift »Burn-out« in der Öffentlichkeit breit diskutiert worden. Auch hier komme ich nach Auswertung der einschlägigen Forschungsergebnisse zu einem anderen Ergebnis. Die Leistungssteigerungsthese ist häufig nur unzureichend belegt, und selbst wenn sie richtig wäre, muss das nicht zu einem Anstieg psychischer Erkrankungen führen, weil mit steigenden Anforderungen auch die Kompetenzen zur Problembewältigung wachsen (können). Ich stelle weiter dar, dass den meisten Überforderungstheorien ein unterkomplexes Krankheitsmodell zugrunde liegt, welches Auslöser nicht hinreichend von Ursachen unterscheidet und so die Entstehung psychischer Krankheiten unzulässig vereinfacht, etwa wenn der von der Werbeindustrie bevorzugte Typ des »Magermodels« für eine Zunahme von Anorexien verantwortlich gemacht wird. Schließlich gehe ich in diesem Kapitel der Frage nach, ob der steigende Gebrauch psychoaktiver Medikamente wie Antidepressiva oder Ritalin ein Indiz dafür sein könnte, dass wir überfordert sind oder psychisch kränker werden. Ich komme zu dem Ergebnis, dass dies nicht der Fall ist. Der zweifellos zunehmende Gebrauch von Psychopharmaka stellt nämlich zum Ersten keinen übermäßigen Gebrauch dar, sondern beseitigt eine bisherige Unterversorgung. Zum Zweiten ist er im Kern kein Versuch, die Leistungsfähigkeit zu erhöhen, sondern einer, die Leistungserbringung zu erleichtern und/oder ein gegebenes Niveau an Leiden zu lindern, was erst durch neue Behandlungsmethoden möglich wird. Diese Lesart ist kontrovers, und ich räume ein, dass letzte Gewissheiten in dieser Frage nicht zu haben sind. Ich betrachte den steigenden Medikamentengebrauch ähnlich wie andere Zunahmen der Inanspruchnahme medizinischer Versorgungsleistungen (etwa Hüft- oder Knieprothesen). Sie alle sind in meinen Augen legitime Versuche, mit den immer vorhandenen Problemen des Lebens leidmindernd umzugehen, auch wenn es andere Möglichkeiten geben mag, über deren Vorzugswürdigkeit ich nicht urteilen will. Die medikamentöse Form des Umgangs führt gelegentlich zu Entgleisungen oder Übertreibungen. Eine davon wird derzeit unter dem Begriff des Hirndopings diskutiert. Ich zeige, dass es sich dabei um ein eher situatives und wenig verbreitetes Problem handelt, das man keineswegs ignorieren, aber auch nicht dramatisieren sollte.

Im *dritten Kapitel* analysiere ich eine Form der Gesellschaftskritik, die ihre Überzeugungskraft aus einer Verklärung der Vergangenheit bezieht. Die guten alten Zeiten waren jedoch in kaum einer Hinsicht besser als die heutigen – weder in der Welt der Familie noch in der Arbeitswelt, noch in der soziokulturellen Realität von Kindererziehung, Geschlechterverhältnissen oder Umgang mit Minderheiten. Es besteht kein Anlass, die Nachkriegsepoche als die »30 wunderbaren Jahre« (Colin Crouch) zu verklären und eine Wiederbelebung solcher Verhältnisse anzustreben. Ich halte das weder für wünschenswert noch für erfolgversprechend. Im letzten Abschnitt dieses Kapitels befasse ich mich mit Problemen gegenwärtiger Zeitdiagnosen. Der Topos der »Müdigkeitsgesellschaft« oder

der »Gesellschaft der Angst« hat es zu einiger Prominenz gebracht. Ich unterscheide zwischen Behauptungen, die besagen, dass depressive oder Angst*erkrankungen* zunehmen, und solchen, die eine Zunahme kollektiver *Stimmungen* wie Müdigkeit oder Angst postulieren, und zeige, dass Stimmungsdiagnosen und Krankheitsdiagnosen verschiedene Phänomene sind. Ich bin skeptisch gegenüber Stimmungsdiagnosen, weil sie (zu) häufig auf schwankendem empirischen Grund stehen, d.h. Belege für die Zunahme von Stimmungen verwenden, die ich aus verschiedenen Gründen für problematisch halte.

Im *vierten Kapitel* wende ich mich schließlich den psychosozialen Problemen der Gegenwart zu, die ich weder in der Zunahme von Krankheiten noch in steigendem Medikamentenkonsum sehe. Ich skizziere vielmehr drei neue Entwicklungen: den Strukturwandel der Psyche von der autoritären zur postheroischen Persönlichkeit, den Strukturwandel des Sozialstaats vom schützenden zum befähigenden Sozialstaat und die Veränderung der Arbeitswelt von der hierarchisch organisierten, monotonen Fließbandarbeit zur heutigen netzwerkartig organisierten und komplexeren Arbeitswelt sowie die Verzahnung dieser drei Entwicklungen. Sie bringen neue Chancen, aber auch andere Probleme mit sich. Ich stelle dar, dass die Probleme überbetont und die Chancen zu wenig gewürdigt werden. Im Schlussabschnitt dieses Kapitels befasse ich mich mit neuen psychosozialen Leiden, die innerhalb einer neuen Lebens- und Arbeitswelt entstehen. Heute mischen sich in bestimmten Gruppen der Gesellschaft, und zwar sowohl bei Kindern wie bei Erwachsenen, psychische Probleme in einer Weise, dass sich der klassische Sozialfall und der klassische Psychotherapiefall überschneiden. Die sogenannte »Neue Morbidität« stellt sowohl den Sozialstaat wie das psychosoziale Versorgungssystem vor neue Aufgaben. Die Probleme betreffen indes nur eine Minderheit, die im derzeitigen Problemdiskurs oft falsch etikettiert wird. Nicht Helikoptereltern, bildungspanisch gewordene Mittelschichteltern, ausgebrannte Leistungsträger oder erschöpfte Mittelschichtarbeitnehmer sind die wirklichen Problemgruppen in modernen Gesellschaften, sondern Personengruppen (vorwiegend) aus dem ärmsten Fünftel der Bevölkerung, denen es an psychosozialen und beruflichen Kompetenzen fehlt, die zur Lebensbewältigung nötig sind. Als zentrales psychosoziales Problem liberaler Gesellschaften betrachte ich die Selbststeuerungsfähigkeit der Individuen. Diese Fähigkeit wird in der demokratisierten Familie grundgelegt, ist bei diesen Gruppen aber zu wenig entwickelt und muss durch komplexe Präventions- und Interventionsmaßnahmen verbessert werden.

Im *Schlussabschnitt* ziehe ich eine Bilanz, die moderat optimistisch ausfällt. Weder ist die moderne Gesellschaft auf dem Weg, zu einem großen psychiatrischen Krankenhaus zu werden, noch sind die Menschen von der gegenwärtigen Lebens- und Arbeitswelt zunehmend erschöpft oder überfordert. Eine Fundamentalkritik am gegenwärtigen Kapitalismus – ich verstehe darüber eine Gesellschaftsform westlichen Typs, die marktwirtschaftlich organisiert sowie rechtsstaatlich und repräsentativdemokratisch verfasst ist – lässt sich mit den von mir dargestellten Befunden und Überlegungen nicht begründen. Wer die Lebensbedingungen der Menschen verbessern will, sollte deshalb nicht auf eine Revolution »des Systems« hinarbeiten, sondern auf Reformen.

Mein persönlicher Dank gilt Martin Altmeyer, der die Entstehung dieses Essays über seine verschiedenen Stufen und kürzeren Fassungen hinweg, die ich in diesen Text übernommen habe (zuletzt Dornes 2015a), mit Rat und Tat begleitet hat. Dies ist umso höher zu veranschlagen, als er zur selben Zeit mit einem eigenen Buch beschäftigt war (Altmeyer 2016), das zwar ein anderes Thema hat, aber dieselbe Stoßrichtung: Während ich die zeitgenössische kapitalistische Gesellschaft vom Ruf befreien möchte, sie sei stärker als früher für die psychische Gesundheit der in ihr lebenden Individuen unbekömmlich, versucht Martin Altmeyer diesen Nachweis für die neuen Medien zu erbringen. Er betrachtet sie als Resonanzräume, die den Menschen neue Chancen und Möglichkeiten zur Kommunikation, Interaktion und Identitätsbildung eröffnen, welche die gleichzeitig vorhandenen Risiken und Gefahren überwiegen. Insofern ist er – bei Unterschieden im Thema und Details der Bewertung einzelner Entwicklungen – im Lauf der Jahre ein Seelenverwandter geworden. Ohne solche Verwandte lassen sich Bücher schwer(er) schreiben.

Kapitel 1
Haben psychische Erkrankungen zugenommen?

Die Zunahmethese auf dem Prüfstand

Seit Alain Ehrenbergs Buch (1998) über das erschöpfte Selbst hat sich in der öffentlichen und der sozialwissenschaftlichen Diskussion die Überzeugung eingebürgert, dass die Zahl depressiver Erkrankungen in den letzten 30 bis 40 Jahren zugenommen hat. Die Theorien, die solchen Feststellungen zugrunde liegen, lassen sich grob in zwei Kategorien einteilen (s. Baethge 2004). Die eine könnte man die »postmoderne« Theorie der Depressionszunahme nennen. Sie besagt, dass sich mit der Liberalisierung der Sitten seit 1968 die Gestaltungsspielräume des Lebens erweitert haben und eine wachsende Zahl von Individuen mit den damit einhergehenden Freiheiten überfordert ist, weshalb sie vor den Anforderungen einer selbstbestimmten Lebensführung in die Knie gehen. Dies ist im Kern die Auffassung von Ehrenberg (1998). Den zweiten Theoriestrang könnte man als »spätkapitalistische« Depressionstheorie bezeichnen. Für sie ist nicht die Gestaltung von Freiheitsspielräumen das zentrale Problem, sondern die angeblich steigenden Leistungsanforderungen, die die Individuen zunehmend erschöpfen. Das ist die Auffassung von Byung-Chul Han (2010), der in seinem Essay über die Müdigkeitsgesellschaft Ehrenberg dafür kritisiert, das Problem im Zuwachs der Lebensgestaltungsmöglichkeiten, nicht im Zuwachs der Leistungsanforderung zu sehen. Ich will hier, bevor ich mich den gesellschaftskritischen Deutungen zuwende, zunächst einmal die epidemiologischen Prämissen beider Theorien auf den Prüfstand stellen und die Frage aufwerfen: Haben denn Depressionen oder psychische Störungen insgesamt überhaupt zugenommen?

Wenn man den Anstieg der Häufigkeit einer Krankheit wie der Depression als indikativ für Veränderungen in der Gesellschaft betrachtet und behauptet, dass diese Veränderungen die Krankheit hervorbringen oder zunehmen lassen, dann muss man zunächst ein Problem lösen: Man muss zeigen, dass Depressionen *wirklich* vermehrt auftreten und nicht nur aufgrund veränderter Diagnosegewohnheiten oder genauerer Erhebungsmethoden häufiger *diagnostiziert* werden. Es könnte nämlich sein, dass die Menschen vor 50 Jahren genauso (oft) depressiv waren wie heute, aber nicht so diagnostiziert wurden. Entweder gingen sie nicht zum Arzt, weil es keinen geeigneten gab; oder weil sie ihre Symptome als Ausdruck eines Lebensunglücks, nicht als den einer Krankheit verstanden; oder aber die Ärzte diagnostizierten die präsentierten Symptome nicht als Depression, sondern die Müdigkeit als normales Ergebnis von Überarbeitung, die Übelkeit als Folge eines Reizmagens und die Schlafstörung als Alterserscheinung.

Tatsächlich gibt es zum Thema der Zunahme psychischer Erkrankungen im Allgemeinen und der Depressionen im Besonderen eine Fülle von Studien mit widersprüchlichen Befunden. Ich habe an anderer Stelle darüber berichtet und die Tendenz dahingehend zusammengefasst, dass psychische Krankheiten in den letzten 30 Jahren *nicht* zugenommen haben. Für Kinder und Jugendliche liegt die Erkrankungshäufigkeit im Mittel aller Studien bei 17 %, für Erwachsene bei 27 %. Gut die Hälfte, also 10 % der Kinder und 15 % der Erwachsenen, kann aufgrund der Schwere der Erkrankung als behandlungs- bzw. beratungsbedürftig gelten (Dornes 2012, Kap. 8).

Die Nichtzunahmebehauptung erscheint zunächst unplausibel angesichts des steigenden Anteils psychischer Erkrankungen an der Zahl der Krankschreibungen, Erwerbsminderungen und Frühverrentungen sowie steigender psychotherapeutischer Behandlungszahlen. Deshalb nehme ich einen neuen Anlauf und gebe eine kurze Darstellung der wichtigsten seither erschienenen Arbeiten und solcher, die in meinem oben genannten Überblick nicht berücksichtigt waren. Auch sie bestätigen, so kann ich vorwegnehmen, die These einer weitgehend konstanten Erkrankungsrate (ein vorzüglicher journalistischer Kurzüberblick findet sich bei Geyer 2014).[1]

Beginnen wir mit der Übersicht von Becker/Sartorius (1999). Sie fasst die wichtigsten epidemiologischen Untersuchungen aus Skandinavien, Europa, Nordamerika und Taiwan seit Ende des Zweiten Weltkriegs bis Ende der 1980er Jahre zusammen und kommt zu dem Ergebnis, dass es für eine Zunahme psychischer Erkrankungen kaum Anhaltspunkte gibt. Für Neurosen und Depressionen gibt es einzelne Studien, die einen Anstieg belegen, andere belegen Konstanz, wieder andere einen Rückgang. Für die Schizophrenie wird seit Mitte der 1960er Jahre sogar von einem Rückgang der Neuerkrankungen (Inzidenz) berichtet. Er ist wahrscheinlich eine Folge verbesserter Ernährung, Infektionsprophylaxe und gynäkologischer Versorgung seit dem Zweiten Weltkrieg, die alle bei der Ätiologie der Schizophrenie eine Rolle spielen.

Auch die von den Autoren dargestellte Heterogenität der Befunde ist instruktiv. Im Taiwan der Nachkriegszeit (1946/48–1961/63) und auf den Shetland-Inseln nach den Ölfunden gab es dramatische soziokulturelle Veränderungen. In Taiwan nahmen die Neurosen erheblich zu, in Shetland kaum. In New York nahmen sie im untersuchten Zeitraum (1954–1974) bei moderatem soziokulturellem Veränderungstempo geringfügig ab, in Finnland (1970–1986) blieben sie konstant (Nilsson et al. 2007, S. 38), ebenso im kanadischen Stirling County (1952–1992; s. Murphy et al. 2000a, b, 2004); im schwedischen Lundby nahmen sie zu, allerdings nur für den Zeitraum zwischen 1947 bzw. 1957 und 1972, danach (1972–1997) nicht mehr (s. Matisson et al. 2005, Bogren et al. 2007). Diese und andere hier nicht dargestellten Befunde führen Becker und Sartorius zu dem Schluss, dass soziokulturelle Wandlungsprozesse und ihr Tempo nur sehr locker bzw. nur zeitweise mit Veränderungen in der psychischen Erkrankungshäufigkeit assoziiert sind (ähnlich Richter 2003, S. 225 ff.), was auch die derzeit weit verbreitete Behauptung etwa über den Zusammenhang von Beschleunigung und Depression (s. z.B. Rosa 2011) fragwürdig macht.[2]

Da sich mit dem Hinweis auf einzelne Studien alles belegen lässt – Spießl/Jacobi (2008, S. 318) berichten beispielsweise von zwei US-amerikanischen Studien, von denen die eine im Zeitraum zwischen 1991 und 2001 eine Zunahme der Depression von 3,3 auf 7,1 % feststellte, die andere eine Abnahme von 10,1 auf 8,7 % –, ist es wichtig, möglichst alle oder zumindest möglichst viele Studien zu erfassen. (Die meisten ergeben für majore Depression Erkrankungsraten von 6–8 %, für Dysthymien 1–2 %, also insgesamt zwischen 7 und 10 % dessen, was früher neurotische Depression hieß.)

Nach Becker/Sartorius haben sich Richter et al. (2008) dieser Aufgabe gestellt. Die von ihnen in Kurzform dargestellten Untersuchungen umfassen den Zeitraum zwischen 1947 und 2006. Berücksichtigt wurden nur Langzeitstudien, die für mindestens zwei Zeiträume Angaben machen. Die Auswertung von 44 Studien (18 davon für Kinder und Jugendliche) aus den Gebieten Skandinavien, Westeuropa, Nordamerika und Australien ergibt: »In der Gesamtschau dieser Studien ist keine eindeutige Tendenz zu erkennen. Neben Arbeiten, die einen Anstieg psychischer Probleme verzeichnen, finden sich auch solche, die einen Rückgang berichten, und solche, die keine (statistisch signifikanten) Unterschiede zu den jeweiligen Messzeitpunkten festgestellt haben« (ebd., S. 324). Dies gilt gleichermaßen für Erwachsene wie für Kinder und Jugendliche. Es gilt auch für verschiedene Störungsbilder wie Sucht- und Essstörungen, Neurosen, Depressionen und Psychosen. Wenn überhaupt eine Tendenz erkennbar ist, dann die, dass es in den Jahrzehnten nach dem Zweiten Weltkrieg einen Anstieg gab, der sich aber nach 1975 *nicht* fortgesetzt hat.

In einem *Update* dieser Arbeit haben Richter/Berger (2013) eine weitere Analyse von Studien durchgeführt, die seit 2008 publiziert wurden und in denen mindestens einer der Erhebungszeitpunkte nach dem Jahr 2000 lag. Es wurden 32 Publikationen ausgewertet, 22 für Erwachsene sowie 10 für Kinder und Jugendliche. Das Ergebnis des Überblicks von 2008 wurde erneut bestätigt. Es gibt keine konsistenten Anhaltspunkte dafür, dass psychische Erkrankungen im Allgemeinen und depressive im Besonderen zugenommen haben. Dies gilt erneut für Erwachsene und Kinder gleichermaßen.

Da Depressionen derzeit besondere Aufmerksamkeit genießen,

seien die diesbezüglichen Befunde gesondert erwähnt. Acht Publikationen wurden ausfindig gemacht, vier fanden keine Veränderung, drei einen Anstieg und eine Studie fand eine Abnahme. Von den drei, die einen Anstieg berichten, stammen zwei aus Griechenland und beziehen sich auf die Jahre 2008 bis 2011. Lässt man diese beiden Untersuchungen wegen der besonderen Umstände in diesem Land und Zeitraum unberücksichtigt, so ist die Befundlage vollständig ausbalanciert (keine Veränderung in vier Untersuchungen sowie je eine Zu- bzw. Abnahme).

Die gelegentlich berichtete erhöhte Rate depressiver Erkrankungen bei jüngeren Geburtskohorten ist für Deutschland weder im Mannheimer Kohortenprojekt (in dem die Jahrgänge 1935, 1945 und 1955 untersucht wurden) noch im Bundesgesundheitssurvey von 1998 (Jahrgänge 1933–47, 1948–67, 1968–80) bestätigt worden (Franz et al. 2000, Lieberz et al. 2011, Mauz/Jacobi 2008). Wo sie gefunden wird, ist sie wahrscheinlich ein Effekt der verwendeten (retrospektiven) Untersuchungsmethoden und bildet keine Zunahme der realen Prävalenz ab, sondern Erinnerungsfehler (Nilsson et al. 2007, S. 38; Dornes 2012, S. 406 ff.). Die Ergebnisse entsprechen denen von Wittchen/Jacobi (2005) und Wittchen et al. (2011), die Studien aus 27 europäischen Ländern zusammengestellt haben und ebenfalls keine Zunahme bei Erwachsenen feststellen konnten.

Auch in Deutschland hat es zwischen 1998 und 2011 weder eine Zunahme der psychischen Erkrankungen im Allgemeinen noch der Depressionen im Besonderen gegeben. Dies zeigt der Vergleich der Ergebnisse des Bundesgesundheitssurveys (BGS) von 1997/1998 (Jacobi et al. 2004a, b) mit denen der Studie zur Gesundheit Erwachsener in Deutschland (DEGS) von 2008/2011 (Kurth et al. 2012, Robert Koch-Institut 2012, Busch et al. 2013, Jacobi et al. 2014). Zu beiden Untersuchungszeitpunkten wurden etwa 29–31 % als psychisch krank bzw. 6–8 % als depressiv eingeschätzt. (Genau genommen gab es eine *Abnahme* der Gesamterkrankungshäufigkeit von 31,1 % im Jahr 1998 auf 29,9 % im Jahr 2012, die aber methodischen Besonderheiten geschuldet sein kann.) Auch nach der Wiedervereinigung 1989 ff. kam es trotz erheblicher sozioökonomischer und soziokultureller Umbrüche im Osten zu keiner Zunahme der

Erkrankungszahlen. Die Effekte wirtschaftlicher Abschwünge sind in Wohlfahrtsstaaten westlicher Prägung dem derzeitigen Forschungsstand zufolge im Allgemeinen milde, transitorisch oder nicht existent, sofern die Lage nicht dramatisch ist und/oder dauerhaft bleibt.[3]

Abschließend sei noch auf vier Überblicksarbeiten verwiesen, die sich ausschließlich mit psychischen Erkrankungen *bei Kindern und Jugendlichen* befassen:

Barkmann/Schulte-Markwort (2012) haben weltweit über 100 Studien aus unterschiedlichen Ländern und für unterschiedliche Zeiträumen ausfindig gemacht. Sie selbst werteten 33 deutsche Untersuchungen aus, die sich auf den Zeitraum zwischen 1952 und 2007 bezogen. Die Krankheitshäufigkeit (Prävalenz) betrug im Mittel 17,6 %, die Trendlinie zeigte über die Jahrzehnte hinweg leicht *nach unten* (ebd., S. 201, Fig. 3). Für die Jahre zwischen 2006 und 2012 ergab der Kinder- und Jugendgesundheitssurvey des Robert Koch-Instituts ebenfalls keinen Anstieg der Erkrankungshäufigkeit bei 3–17-Jährigen (Hölling & KiGGS Study Group 2014a).

Die deutschen Befunde entsprechen denen anderer Länder. Der Überblick über 52 Studien aus 20 Staaten verschiedener Kontinente von Roberts et al. (1998), der den Zeitraum zwischen 1963 und 1997 umfasst, ergab ebenfalls keine nennenswerten Veränderung in der Häufigkeit psychischer Erkrankung über die Jahrzehnte hinweg. Die Krankheitshäufigkeit betrug im Mittel 15,8 %. Andere, neuere Überblicksarbeiten bestätigen dieses Ergebnis (z. B. Ihle/Esser 2002, S. 161 f., Tab. 1).

Eine partielle Ausnahme bilden Eschmann et al. (2007). Sie haben 24 internationale Studien, die zwischen 1977 und 2000 durchgeführt und zwischen 1987 und 2004 publiziert wurden, zusammengefasst und eine Erhöhung der Prävalenz von 16 % auf 22 % in den Studien nach 1990 notiert. Sie führen diesen Anstieg allerdings auf methodische Besonderheiten der neueren Untersuchungen zurück.

Andere Indikatoren psychischer Gesundheit und Krankheit: Suizid, Alkoholkonsum, Lebenszufriedenheit

Neben epidemiologischen Studien werden oft drei weitere Indikatoren für den psychischen Gesundheitszustand der Bevölkerung verwendet: die Suizidrate, den Pro-Kopf-Alkoholkonsum und die Lebenszufriedenheit. Sie weisen in dieselbe Richtung wie die epidemiologischen Studien zu psychischen Störungen (Richter et al. 2008, S. 326 f.).

Was die *Suizidrate* angeht, so ist sie in den meisten westlichen Ländern zwischen 1950 und 1980 gestiegen und zwischen 1980 und 2000 wieder gefallen (ebd.; und Warnke 2008 für Kinder und Jugendliche). Diese Entwicklung hat sich bis ins Jahr 2006 (s. OECD 2010) und trotz Weltfinanzkrise auch bis 2011 fortgesetzt (s. OECD 2013). Nimmt man nur diesen Zusammenhang, so könnte man in polemischer Zuspitzung sagen, dass der Aufstieg des keynesianischen Wohlfahrtsstaates mit einer Zunahme, der des Neoliberalismus mit einer Abnahme von Suiziden verbunden war. Damit wären allerdings die komplexen Ursachen der Suizidhäufigkeit und ihre temporären Schwankungen unzulässig vereinfacht. Auf dem Gebiet der ehemaligen DDR war schon in Zeiten des Kaiserreichs und vor dem Zweiten Weltkrieg die Suizidrate erhöht, nicht erst seit es dort den Sozialismus gab; und auch Faktoren wie die Enttabuisierung des Selbstmordes können zu dessen Zunahme führen, ohne dass dadurch eine soziale Problemlage angezeigt würde. Deshalb ist vor einer Politisierung von Suizidraten zu warnen. Langfristig sind sie in den meisten Ländern stabil fallend, kurzfristig unterliegen sie Schwankungen, auch in Abhängigkeit von der wirtschaftlichen Lage.

Was den Zusammenhang zwischen Arbeitslosigkeit und Suizid angeht, so gibt es viele inkonsistente Befunde (Richter 2003, S. 258 f.). Sie können dahingehend bilanziert werden, dass er in Wohlfahrtsstaaten erheblich abgeschwächt, stellenweise sogar gänzlich verschwunden ist (Brenner 2006, S. 166, 176 f.). In der schweren Bankenkrise Schwedens Anfang der 1990er Jahre haben beispielsweise die Suizide *nicht* zugenommen, sondern dem Trend entsprechend weiter abgenommen. In Ostdeutschland war nach der Wiedervereinigung die Abnahme der Suizide sogar stärker als in Westdeutschland. Dies verweist darauf, dass trotz der hohen Arbeitslosigkeit die Wohlstandsgewinne und/oder die soziale Abfederung in ihrem Effekt die entstandenen Probleme kompensiert haben (Richter 2003, S. 233). In Deutschland hat die Suizidrate seit 1980 kontinuierlich abgenommen, seit Mitte 2007 steigt sie wieder geringfügig an. Abnehmende Suizidraten machen Thesen über zunehmende Depressionen, zumindest in ihrer schweren Form, ebenfalls eher unplausibel.

Richter (2003, S. 234) kommt nach Einbezug von *Suizidversuchen*, die möglicherweise ein besserer Indikator für soziale Problemlagen sind als Suizide, zu dem Schluss, dass für sie dasselbe gilt wie für psychische Krankheiten. Überblickt man den gesamten Zeitraum seit 1945, so ist keine Zunahme zu konstatieren (ähnlich Warnke 2008 für Kinder und Jugendliche).

Der *Alkoholkonsum* zeigt denselben abnehmenden Trend wie der vollendete Suizid. Zwar ist Deutschland nach wie vor ein Hochkonsumland, aber der Konsum geht kontinuierlich zurück. Ebenso hat die alkoholbezogene Sterblichkeitsrate (etwa an Leberzirrhose) zwischen 1980 und 2005 in Westeuropa kontinuierlich abgenommen (Anderson 2011, S. 5).

Verschiedene Indikatoren zur *Lebenszufriedenheit* weisen hohe Werte und eine Zunahme seit dem Ende des Zweiten Weltkriegs auf. Das in der Glücksforschung breit diskutierte Easterlin-Paradox besagt, dass die Lebenszufriedenheit mit Erreichung eines gewissen wirtschaftlichen Wohlstandsniveaus durch dessen weitere Steigerung nicht mehr zunimmt. Dieser Zustand soll in den meisten westlichen Ländern ab Anfang der 1970er Jahre erreicht gewesen sein und dementsprechend soll die Lebenszufriedenheit seither stagnieren (Easterlin 1974, 2010, Bruni 2011). Andere Autoren finden hingegen weiterhin eine Zunahme (Veenhoven 2005, 2010, Veenhoven/ Hagerty 2006, Stevenson/Wolfers 2008, Sacks et al. 2012; Weimann et al. 2012). Eine Abnahme ist nicht erkennbar, allenfalls in einzelnen Ländern, in einzelnen Bereichen (wie Paarzufriedenheit) oder bei einzelnen Subgruppen in einzelnen Ländern (z. B. weißen Mittelschichtfrauen in den USA).

Der Gesamttrend zeigt eher nach oben, und zwar sowohl für Kinder als auch für Erwachsene. Als ein Beispiel von vielen seien die Befunde von Inglehart et al. (2008) genannt. Sie haben 52 Länder für den Zeitraum zwischen 1981 und 2007 untersucht und gefunden, dass in 77 % dieser Länder die subjektive Lebenszufriedenheit gestiegen ist. Da dieser Zeitraum mit dem Aufstieg des Neoliberalismus und der beschleunigten Globalisierung zusammenfällt, scheinen die positiven Folgen dieser Entwicklung für die Lebenszufriedenheit die von den Kritikern häufig betonten negativen in den meisten Ländern, für die Daten vorliegen, zu überwiegen. Der weltweite Anstieg der Lebenszufriedenheit hat sich – mit regionalen Differenzen – auch nach der Finanzkrise von 2008 ff. fortgesetzt (Helliwell et al. 2013).

Zwischenbilanz

Es lässt sich also bilanzieren, dass die mit Modernisierung und sozialem Wandel verbundenen Veränderungen in zeitgenössischen Gesellschaften westlicher Ausprägung keine negativen Folgen für die psychische Gesundheit und das Wohlbefinden der Menschen haben. Einige Indikatoren sprechen eher für deren Verbesserung. Man könnte deshalb sogar von einem gesundheitsförderlichen Effekt solcher Gesellschaften sprechen. Was sind die Gründe dafür?

Zum einen ist der Zusammenhang zwischen sozialem Wandel und psychischen Störungen nicht so eng, wie Soziologen oft annehmen. Zum anderen bedeutet Modernisierung nicht vorwiegend Desintegration und Anomie, sondern auch und vor allem Integration und Inklusion. Entgegen einer weit verbreiteten Sozialkritik haben moderne Gesellschaften westlichen Typs mit ihrer beschleunigten funktionalen Differenzierung nicht nur Risiken, Unsicherheit und Ungewissheit hervorgebracht, die sich negativ auf die psychische Befindlichkeit oder Gesundheit ihrer Mitglieder auswirken können, sondern auch und überwiegend erhebliche soziale Stabilität und Wohlstand, die sich positiv auswirken. Wenn sich überhaupt ein Trend feststellen lässt, dann der, dass die positiven Auswirkungen die negativen überwiegen. Kurz: Je moderner die Gesellschaft, desto gesünder bzw. zufriedener sind die Menschen (Richter 2003, S. 231, 235, 270 ff., 276 ff., 281, 309 f.; Veenhoven 2001, S. 1289; 2011, S. 399). Richter zieht in seinem bedeutenden Buch zur Soziologie psychischer Störungen folgende Bilanz: »Psychische Störungen werden … in ihrer Entstehung von verschiedenen sozialen (Teil-)Systemen begleitet, angestoßen und sogar weitestgehend verursacht, wie im Falle der posttraumatischen Belastungsstörung durch Folter. Auf der anderen Seite ergab der Überblick über die empirische Langzeitforschung die für Soziologen etwas überraschende Einsicht, dass mit der Modernisierung und mit der funktionalen Differenzierung der Sozialstruktur keine Zunahme psychischer Störungen zu verzeichnen ist, sondern teilweise sogar eine Verminderung in den westlichen Regionen seit dem Zweiten Weltkrieg … Offenbar ist das zeitgenössische Individuum besser als noch vor vier Jahrzehnten in der Lage, die sozial bedingten Stressoren, die mit der funktionalen Differenzierung einhergehen, aufzufangen und durch eigene psychische Ressourcen … sowie soziale Unterstützungsnetze zu kompensieren. Dass die sozialen Stressoren in ihrer Anzahl zugenommen haben, kann außer Zweifel stehen … Wenn die (Eigen-)Dynamik der modernen Gesellschaft und ihrer Teilsysteme aber nicht für mehr Krankheitsfälle als früher sorgt, dann spricht dies für die Hypothese verbesserter Problemlösungsfähigkeit des modernen Individuums« (Richter 2003, S. 309 f.). Ich halte dieses Resümee nach wie vor für zutreffend.

Depression als Krankheit der Moderne?

Gegenteiliger Auffassung ist Hidaka (2012), der sich insbesondere mit der Depression befasst hat und sie als Krankheit der Moderne betrachtet. Seine Arbeit ist exemplarisch für einschlägige Bedenken und soll deshalb etwas ausführlicher behandelt werden.

Hidaka meint erstens, moderne Lebensbedingungen seien nicht an die Natur des Menschen angepasst (Sesshaftigkeit, Überernährung, Bewegungsmangel etc.), was zu körperlichen Erkrankungen führe, die wiederum depressiogen seien. Dass die sogenannten Zivilisationserkrankungen hauptsächlich eine Folge der Langlebigkeit sind, kommt dabei ebenso zu kurz wie der Sachverhalt, dass wir immer mehr *gesunde* ältere Lebensjahre verbringen.

Zweitens verweist er auf kulturvergleichende Studien, die belegen sollen, dass es in Kulturen, die noch nahe an den »ursprünglichen« Jäger-und-Sammler-Lebensbedingungen leben, weniger Depressionen gibt. Diese Befunde anthropologischer Feldstudien werden aber sogleich wieder mit dem berechtigten Hinweis relativiert, man müsse sie mit extremer Vorsicht lesen, da sie methodisch nicht vergleichbar seien. Man fragt sich, warum sie dann angeführt werden.

Drittens: Ähnlich verhält es sich mit der Aussage, es gäbe eine Tendenz zu höheren Depressionsraten in Ländern mit höherem Sozialprodukt. Dieser Befund ist deskriptiv richtig, hängt allerdings ursächlich mit folgenden zwei Faktoren zusammen: Zum einen ist die Versorgungsdichte in weniger entwickelten Ländern geringer, was die Registrierung vorhandener Depressionen nach unten drückt. Zum anderen gibt es in weniger entwickelten Ländern ein sogenanntes *underreporting* von psychischen Erkrankungen bzw. ihrer Schwere, beispielsweise aufgrund stärkerer Somatisierungen (s. Kessler et al. 2009). So ist etwa in China die Depressionsrate niedrig, unter anderem deshalb, weil dort das, was *wir* als Depression bezeichnen und diagnostizieren, »somatischer« ausgedrückt wird. Solche kulturellen Unterschiede machen es im Übrigen schwer, den Einfluss der Globalisierung auf die psychische Erkrankungshäufigkeit in *sich entwickelnden Ländern* abzuschätzen, weil westliche Diagnosemanuale dafür (derzeit) nur begrenzt geeignet sind. Manche Autoren vermuten zwar, dass die Depressionszahlen im Gefolge der Globalisierung und vor allem Urbanisierung dort steigen werden, räumen aber gleichzeitig ein: »Es gibt keine zuverlässige Methode, um den Einfluss der Globalisierung zu ermitteln« (Bhugra/Mastrogianni 2004).

Viertens: Studien, die beim Übergang von bäuerlichen zu industriegesellschaftlichen Lebensformen zunehmende Depressionen festgestellt haben und von Hidaka ebenfalls angeführt werden, sind wenig beweiskräftig. Einen solchen Anstieg mag es geben, aber *jede* Veränderung der Lebensweise kann denselben Effekt haben. Die wichtigere Frage wäre deshalb, ob sich die Depressionsrate nach einer Zeit der Anpassung an die neuen Lebensbedingungen wieder stabilisiert. Dies war z. B. in Taiwan der Fall (s. o.). Außerdem werden von Hidaka *die* Studien nicht erwähnt, die zeigen, dass es Übergangsprozesse von bäuerlichen zu industriellen Lebensformen auch *ohne* zunehmende psychische Erkrankungen gibt, wie beispielsweise auf den Shetland-Inseln (s. o.). Und schon gar nicht werden große historisch-soziologische Studien wie die von Claude Fischer berücksichtigt, die zu dem Ergebnis kommt, dass die US-amerikanische Bevölkerung im Wandel von der bäuerlichen zur (post)industriellen Gesellschaft, soweit man das für den langen Zeitraum von 1800 bis 2000 abschätzen kann, mit einiger Sicherheit am Ende des 20. Jahrhunderts *weniger* psychisch gestört war als um 1800 (Fischer 2010, S. 236).

Fünftens ist der Verweis auf die *Amish-People*, die angeblich niedrigere Depressionsraten aufweisen, fragwürdig. Als Beleg dient *eine* diesbezüglich wenig aussagekräftige Studie. Der Überblick von Jakubaschk (1994) zu sämtlichen bis dahin vorliegenden Untersuchungen ergibt den gegenteiligen Befund, dass depressive Syndrome bei den Amischen doppelt so häufig vorkommen wie in einer Vergleichspopulation von College-Studenten. Auch die Angsterkrankungen sind signifikant erhöht. (Ähnliches gilt für die Religionsgemeinschaft der Hutterer.) Es fanden sich zwar niedrigere Gesamtwerte für Aggression über alle verhaltensbezogenen Subgruppen hinweg (körperliche, verbale, Oppositionsverhalten). Dies kann sich aber schnell ändern, sobald Mitglieder die Religionsgemeinschaft zu verlassen drohen oder auch nur Regeln wie die vorgeschriebene Farbe und Breite der Hosenträger selbst gestalten wollen. Solche Bestrebungen werden mit derart aggressiven Methoden unterbunden, dass sogar schon das FBI auf den Plan getreten ist, um die damit verbundenen *hate crimes* zu untersuchen (Moll 2011, Heil 2012). Die Messwerte für Schuldgefühle, latente Feindseligkeit und interpersonelles Misstrauen sind ebenfalls erhöht, wohl als Folge des hohen Aggressionstabus und der daraus resultierenden stärkeren Verdrängung bzw. Projektion der Aggression. Die Befunde zu Depression und Misstrauen widersprechen im Übrigen der gängigen Vorstellung, moderne Vereinzelung oder Gemeinschaftsverlust seien dafür verantwortlich, und zeigen, dass sozial sehr kohäsive (Glaubens-)Gemeinschaften hinsichtlich ihrer krankheitsprotektiven und positiv-sozialintegrativen Wirkung häufig idealisiert werden. Die guten alten Zeiten, in denen wir uns angeblich durch einen gemeinsamen Glaubens- und Wertekanon vor transzendentaler Obdachlosigkeit und metaphysischer Heimatlosigkeit geschützt und in der Gemeinschaft geborgen und getragen fühlten, sind, wie so oft, wenn man genauer hinsieht, eher eine nostalgische Mystifizierung als eine soziale Realität.

Sechstens sind die referierten Überlegungen und Untersuchungen zwar interessant, aber für die hier geführte Debatte nur von begrenzter Bedeutung, weil es mir nicht so sehr um einen Vergleich von vormodernen Jäger-Sammler-Kulturen oder bäuerlichen mit modernen geht, sondern um Veränderungen in den westlichen Ländern seit ca. 1950 ff. Die diesbezüglich von Hidaka angeführten Studien sind entweder retrospektiv und deshalb methodisch fragwürdig, weil mit dem Problem der Erinnerungsfehler behaftet (für Details s. Dornes 2012, S. 407 f.). Das wird vom Autor selbst eingeräumt, aber erneut ohne Konsequenzen zu ziehen. Wo prospektive Longitudinalstudien erwähnt werden (ganze zwei, die allerdings zu den besten gehören, die es gibt), stellen sie, wie die Sterling-County-Studie aus Kanada, *keinen* Anstieg fest. Die Lundby-Studie aus Schweden wird so unvollständig referiert, dass sie die Steigerungsthese zu stützen scheint. Hidaka berichtet zwar zutreffenderweise, dass die psychischen Krankheiten und Depressionen im Zeitraum zwischen 1947 und 1972 (insbesondere 1957 bis 1972) dort zugenommen haben, erwähnt aber nicht, dass sie danach bis zum letzten Untersuchungszeitpunkt (1997) konstant geblieben sind, wie die oben von mir erwähnte Literatur zeigt. Wollte man diesen Befund politisch ausmünzen, so könnte man sagen, die Errichtung des schwedischen »Volksheimes« habe Depressionen gefördert und die folgende milde »Neoliberalisierung« habe diese Entwicklung zum Stillstand gebracht.

Siebtens: Der von Hidaka behauptete Zusammenhang zwischen zunehmend ungleicher Einkommensverteilung und häufigeren psychischen Erkrankungen/Depressionen hält einer genaueren Überprüfung ebenfalls nicht stand. Der Autor führt zwei englischsprachige Belegquellen an. Ich könnte eine weitere hinzufügen, die dem deutschsprachigen Leser leichter zugänglich ist, nämlich das bekannte Buch von Wilkinson/Pickett (2009), das mit Fug und Recht als die Bibel der sozialistischen Gesundheits- und Umverteilungsinternationale bezeichnet werden kann. Seine Grundthese lautet nämlich, dass nahezu alle gesundheitlichen Übel zeitgenössischer Gesellschaften (und auch viele andere, wie Kriminalität, Teenagerschwangerschaften, schlechte Schulleistungen) auf eine zu große Ungleichheit der Einkommensverteilung zurückzuführen sind. Anders ausgedrückt: Je ungleicher die Einkommensverteilung, desto schlechter ist es um die Gesundheit der Bevölkerung bestellt. Das Buch ist in der publizistischen Öffentlichkeit enthusiastisch begrüßt worden, in der Fachöffentlichkeit allerdings auf erhebliche Skepsis gestoßen. Die Diskussion kann hier nicht rekapituliert werden. Kurze Überblicke geben Leigh et al. (2009) und Underwood (2014), Kritiken in Buchlänge stammen von Snowdon (2010, 2011) und Saunders (2010/2011), eine »linke« Kritik von Goldthorpe (2010). Die deutschsprachige Zusammenfassung dieser Debatte fehlt bisher (soweit ich den Diskussionstand überblicke) und wird deshalb von mir geplant. Sie soll auch die weit verbreitete These untersuchen, die Wilkinson/Pickett nur am Rande behandeln, dass nämlich größere Einkommensgleichheit nicht nur die Gesundheit fördert, sondern auch die Lebenszufriedenheit, was ebenfalls fraglich ist (Dornes in Vorb.). Für den vorliegenden Zweck muss es genügen, darauf hinzuweisen, dass der behauptete Zusammenhang zwischen ungleicher Einkommensverteilung und der Häufigkeit *psychischer* Erkrankungen bei Wilkinson/Pickett (ebd., S. 84 ff.) auf einer geschickten Auswahl von Ländern und Daten beruht. Würde man andere Länder und Datenquellen berücksichtigen, so verschwände der Zusammenhang oder ließe sich sogar umkehren und würde dann die gegenteilige These stützen, dass nämlich größere Einkommensungleichheit mit *weniger* psychischen Erkrankungen einhergeht. Gegen solches

Rosinenpicken, das die Belege vom erwünschten Ergebnis her auswählt (bei Wilkinson/Pickett allerdings auf höchstem Niveau), ist man nur einigermaßen gefeit, wenn man möglichst viele Länder und Studien in die Auswertung einbezieht. Verfährt man so, dann ergibt sich kein Zusammenhang zwischen der Einkommensverteilung und der Häufigkeit psychischer Erkrankungen. Anschaulich ausgedrückt: In den egalitären skandinavischen Ländern sind sie genauso häufig wie in den inegalitären anglophonen (Überblick bei Snowdon 2010, S. 37 ff.).

Achtens: Auch die Ausführungen Hidakas zum abnehmendem Sozialkapital (gemessen am Grad des zwischenmenschlichen Vertrauens, der Solidarität oder des sozialen Engagements) und zur zunehmenden Vereinsamung als zeitgenössischen Depressionsursachen überzeugen nicht, weil sie ebenfalls auf einseitiger Datenauswahl beruhen. Andere, von ihm nicht genannte Untersuchungen kommen zu gegenteiligen Ergebnissen. Weder nimmt die Einsamkeit zu noch das Sozialkapital ab (s. z. B. Dalton 2009, Fischer 2010, 2011, Dornes 2012). Und selbst wenn beispielsweise das Sozialkapital in *einer* Dimension abnehmen würde (die Belege für Vertrauensabnahme sind die besten), müsste das nicht mit dem von Hidaka behaupteten Vordringen vertrauensuntergrabender kapitalistisch-neoliberaler »Werte« wie Konkurrenz und Materialismus zusammenhängen, sondern könnte andere Ursachen haben. Der führende Sozialkapitaltheoretiker Putnam (2007) hat beispielsweise festgestellt, dass mit dem Grad der Einwanderung bzw. ethnischen Heterogenität einer Gesellschaft oder Gemeinde das zwischenmenschliche Vertrauen abnimmt (ebenso Collier 2013, S. 80 ff., mit einem Putnam-Referat und weiteren Belegen). Nun ist Putnam nicht etwa ein xenophober Rassist, sondern ein sozialdemokratischer Kommunitarist, dem dieser Befund selbst unangenehm war. Er hat ihn deshalb, wie er in einem Interview äußerte, auf alle möglichen anderen Zusammenhänge hin überprüft, ohne dass sich etwas Wesentliches daran geändert hätte (ref. nach Snowdon 2010, S. 159, Fn. 13). Daraus muss man keine fremdenfeindlichen Schlussfolgerungen ziehen, sollte aber festhalten, dass die verbreitete multikulturelle These »Vielfalt bereichert« zwar immer noch richtig sein kann, aber nur die halbe Wahrheit ausspricht. Die andere Hälfte lautet, dass sie die mentale Infrastruktur der Bevölkerung eines Landes oder einer Stadt eben *auch* belastet. Vorbildlich in dieser Hinsicht ist das Buch von Collier (2013), das hier leider nicht dargestellt werden kann. Außerdem ist Vertrauen nichts Homogenes. So kann beispielsweise unterschieden werden in zwischenmenschliches und Institutionenvertrauen. Auch Letzteres nimmt nicht, wie häufig kolportiert, in modernen westlichen Demokratien einfach ab, sondern entwickelt sich unterschiedlich. Das Vertrauen in manche Institutionen sinkt (Parteien und Parlamente), das in andere hingegen steigt (Justiz, Polizei und Militär).

Neuntens: In hinsichtlich des Geschlechterverhältnisses traditionellen muslimischen Gesellschaften sind psychische Erkrankungen, Depressionen, Suizide und funktionelle Sexualstörungen von Frauen ebenso wie Gewalt in der Ehe um ein Vielfaches höher als in diesbezüglich modernisierten Gesellschaften (Überblick bei Douki 2007). Dies spricht ebenfalls gegen die These von der Depression als Krankheit der Moderne. Es sollte auch diejenigen zur Vorsicht mahnen, die in steigenden Scheidungsquoten (seit gut zehn Jahren stagnieren sie hierzulande) nur einen Zerfall der Familie sehen und nicht auch eine Befreiung. In westlichen Gesellschaften nahm nämlich nach Abschaffung des traditionellen Schuldprinzips als Voraussetzung für Scheidung die Scheidungsquote zwar zu, die eheliche Gewalt aber um 30 % und die weiblichen Suizide um 8–16 % ab (Coontz 2013). Dieser Sachverhalt sollte auch deshalb erwähnt werden, weil derzeit häufig thematisiert wird (z. B. von Jurzcyk/Szymenderski 2012, S. 96), dass »Entgrenzungen« im Familienbereich, beispielsweise das Leben in zwei Haushalten bei Scheidungsfamilien, besonders wenn sie noch mit beruflichen Flexibilisierungen verbunden sind, anstrengende Koordinationsarbeit notwendig machen und Familien erschöpfen. Das ist einerseits richtig oder kann zumindest der Fall sein. Es vernachlässigt aber, dass das frühere Fehlen solcher Koordinationsanstrengungen nicht weniger »erschöpfend« war, sondern wegen der damaligen Monotonie der Haus- und Fürsorgearbeit vielleicht sogar belastender, was die genannten Zahlen zu Suizid und Gewalt andeuten. Auch hier geraten, wie so oft bei der

Thematisierung neuer Belastungen, die alten geringer gewordenen aus dem Blick.

Zehntens: Zum Vordringen moderner (kapitalistischer) Märkte und der ihnen nicht nur von Hidaka nachgesagten förderlichen Wirkung auf »Werte« wie Egoismus und Materialismus ist Folgendes zu sagen. Die Ergebnisse eines großen Forschungsprojekts von Henrich et al. (Kurzfassungen 2001, 2005) und der daraus hervorgegangene Essay von Bowles (2011) haben u. a. gezeigt, dass trotz einer *eventuellen* egoismusförderlichen Wirkung von Märkten gerade in westlichen, kapitalistischen, reichen, individualistischen, demokratischen Metropolen wie Boston, Kopenhagen, Bonn und Zürich die Prosozialität, der Altruismus und die Bereitschaft zu teilen größer sind als in anderen Städten wie Istanbul, Athen, Muscat (Oman) oder Samara (Russland). Sie sind auch größer als in anderen untersuchten (traditionellen) Wirtschaftsformen und Kulturen einschließlich sogenannter *small-scale-societies*, die z. T. weder individualistisch sind noch kapitalistisch, noch entsprechende Märkte kennen. Selbst wenn also Märkte egoismusförderlich *wären* (was in der experimentellen Spieltheorie der Verhaltensökonomie kontrovers diskutiert wird), führt ihre Einbettung in oder ihre Verknüpfung mit Demokratie, Rechts- und Sozialstaat, modernisierter Familie und anderen Subsystemen dazu, dass dieser Effekt überkompensiert wird und die von Dornes (2012, S. 275 ff., 318 ff.) als sensibel, sozial, kooperativ, kommunikativ, flexibel, gewaltavers, lebendig und authentisch beschriebene Mentalität zeitgenössischer Individuen (einschließlich der damit verbundenen Risiken) gerade in westlich-kapitalistischen Demokratien besonders gut gedeiht. Herzog (2013, S. 110 f.), eine der Kapitalismusaffirmation unverdächtige Autorin, resümiert die Arbeit von Bowles so: »Wenn diese empirischen Daten stimmen, müssen sich marktwirtschaftlich organisierte Gesellschaften keine allzu großen Sorgen um ihre moralischen Grundlagen machen.« Und McCloskey (2006, S. 23 ff.) schreibt: »Der Kapitalismus hat nicht unsere Seelen korrumpiert, er hat sie verbessert … Ich behaupte, dass der derzeit existierende Kapitalismus … über den bloßen Konsum hinausgelangt ist und die beste Kunst und die besten Menschen hervorbringt … Die Teilnahme an kapitalistischen

Märkten und bourgeoise Werte haben die Welt zivilisiert. Reichere und urbanere Menschen sind, im Gegensatz zu dem, was Meinungs-magazine manchmal nahelegen, *weniger* materialistisch, *weniger* gewalttätig und *weniger* oberflächlich als arme, ländlich geprägte Menschen ... Reichere, urbanere und bürgerlichere Menschen haben nicht weniger Freunde, sondern mehr als ihre Ur-Ur-Urgroß-eltern, die noch überwiegend in Dörfern lebten. Sie haben mehr und nicht weniger Möglichkeiten, ihre Identität zu gestalten, die ihnen früher durch Herkunftsland, Tradition, Sprache und Religion schon bei Geburt übergestülpt wurde. Sie haben tiefere, nicht oberfläch-lichere Beziehungen zur Erhabenheit von Kunst, Wissenschaft und Gott ... Sie sind bessere Menschen ... weil Marktgesellschaften Wissenschaft, Kunst und Religion erblühen lassen ...«

Resümee: Die Arbeit von Hidaka ist interessant und anregend. Der Autor ist enorm belesen und schafft es, auf zehn Seiten Text 149 Literaturverweise unterzubringen, womit er selbst einen (Sekun-där-)Literaturliebhaber wie mich übertrifft. Wie die obigen Ausfüh-rungen indes gezeigt haben, genügt das aber leider immer noch nicht, denn wenn man die angeführten Texte im Detail untersucht, geben sie die behaupteten Zusammenhänge manchmal nur teilweise wieder; und wenn man weitere Literatur konsultiert, kommt man oft zu anderen oder anders zu interpretierenden Ergebnissen. Das-selbe gilt für das Buch von Wilkinson/Pickett. Um den Leser bzw. die Leserin an diese Stelle nicht (weiter) zu erschöpfen, lasse ich es mit der Diskussion von Einwänden gegen die These von den positi-ven Effekten gesellschaftlicher Modernisierung jetzt auf sich beru-hen und komme zu folgender Zwischenbilanz.

Zwischenbilanz

Selbst wenn man davon ausgeht, dass diverse soziale »Stressoren« in modernen Gesellschaften seit etwa 40 Jahren zugenommen haben, also zeitgenössische Gesellschaften in mancher Hinsicht anstrengen-der geworden sind, so ist dies anscheinend durch eine verbesserte intrapsychische Problemlösungsfähigkeit und/oder durch verbesserte soziale Unterstützungsnetze aufgefangen worden. Als Indizien für Stresszunahme kann man (neben den oben genannten) verweisen auf: gestiegene Scheidungsraten, Informationsflut, mehr berufliche und soziale Mobilität und Flexibilität, Vereinbarkeitsprobleme von Familie und Beruf, zunehmende Bildungserwartungen, Beschleunigung, Wertepluralismus und Multikulturalismus, die alle erhöhte Anforderungen an die Fähigkeit zur Komplexitätsbewältigung im beruflichen, alltagsweltlichen und privaten Bereich mit sich bringen.

Viele der genannten Indizien für die Zunahme sozialer Stressoren lassen sich allerdings auch anders interpretieren, nämlich als *Abnahme* von Belastungen. Im Bereich der Familie etwa sind die erhöhten Scheidungsraten nicht nur Belastungen, sondern auch Befreiungen von der Verpflichtung, ein ganzes Leben unglücklich in einer verbrauchten Ehe zu verbringen; das Vereinbarkeitsproblem von Familie und Beruf ist nicht nur ein Problem, sondern spiegelt auch den als positiv erlebten Freiheitszuwachs von Frauen wider, der nicht nur belastet, sondern auch belebt; und Werte- sowie Normenpluralismus bedeuten nicht nur abnehmende Orientierungssicherheit, sondern zugleich auch Befreiung von den Repressionskosten der vormaligen Verhaltensfestlegungen. Dies verweist auf die Ambivalenz von Modernisierungsprozessen. Wer als Hausfrau keinen Beruf hatte, brauchte sich um die Vereinbarkeit von Familie und Beruf keine Gedanken zu machen, und wer nicht aufs Gymnasium ging, sondern schon mit 16 Jahren im Arbeitsleben stand, hatte keine Probleme mit gestiegenen Bildungserwartungen und Schulstress, aber dafür andere. Wie man die eingetretenen Veränderungen bewertet – die in der Familie beispielsweise als Zerfall von Stabilität (Rückschritt) oder als Zugewinn von Freiheit (Fortschritt) –, ist auch von weltanschaulichen Überzeugungen bzw. Bewertungen der Veränderungen abhängig, die durch wissenschaftliche Befunde nur begrenzt gerechtfertigt werden können.

Summa summarum kann man festhalten, dass weder epidemiologische Studien noch die anderen genannten Indikatoren (Suizid, Alkoholkonsum, Lebenszufriedenheit) für eine Zunahme psychischer Störungen oder sozialer Desintegration in den letzten 40 Jahren sprechen.

Wachsende Sensibilität und veränderte Diagnosegewohnheiten

Psychische Erkrankungen haben in den letzten 30 bis 40 Jahren also nicht zugenommen. Was sich jedoch in diesem Zeitraum – und besonders in den letzten 15 Jahren – verändert hat, ist die öffentliche Aufmerksamkeit und die Häufigkeit von gefühlten und/oder diagnostizierten psychischen Störungen. Diese Häufigkeit bildet anscheinend etwas anderes ab als deren reale Häufung, nämlich unter anderem die Tatsache, dass die Zahl der möglichen Erkrankungen mit jeder Überarbeitung der diagnostischen Manuale gestiegen ist und weiter steigt.[4] Diese Entwicklung ist ihrerseits Ausdruck zunehmender Sensibilisierung, abnehmender Stigmatisierung/Tabuisierung, zunehmender Diagnoseverschiebungen vom körperlichen in den psychischen Bereich und einer damit verbundenen wachsenden Bereitschaft, Befindlichkeitsstörungen in Krankheiten umzucodieren.

Geht man, wie die oben dargestellten Überblicksarbeiten nahelegen, von einer weitgehend konstanten Realprävalenz psychischer Erkrankungen seit dem Zweiten Weltkrieg aus, so muss man dennoch die steigende Anzahl der Diagnosen, auch wenn sie *keine* Zunahme der Erkrankungen abbildet, ernst nehmen, denn sie stellt das Gesundheitssystem vor erhebliche Herausforderungen. Wenn aus den oben genannten Gründen (Enttabuisierung, Diagnoseverschiebung, Sensibilisierung, Pathologisierung von Befindlichkeitsstörungen) der Behandlungsbedarf wächst, so muss damit umgegangen werden.

Aufhellung des Dunkelfeldes und gestiegener Versorgungsbedarf

Man sollte die epidemiologisch erhärtete konstante Realprävalenz nicht gegen die im Gesundheitssystem zu beobachtende steigende diagnostische Prävalenz ausspielen, weil der Anstieg der Diagnosen auch als Aufhellung des Dunkelfeldes betrachtet werden kann

(Jacobi 2009). Die Häufigkeit psychischer Erkrankungen ist dieser Überlegung zufolge in der Vergangenheit zu gering eingeschätzt worden. Statt von einer Inflation der Diagnosen oder einer Epidemie psychischer Erkrankungen in der Gegenwart kann man von deren Unterschätzung bzw. Unterdiagnose in der Vergangenheit ausgehen (s. a. Mauz/Jacobi 2008, S. 350). Wir waren früher schon genauso krank wie heute (oder sogar kränker). Aber die damals unerkannten oder als normal betrachteten oder als körperliche Erkrankungen fehldiagnostizierten bzw. fehlbehandelten Zustände werden nun *zu Recht* als psychologisch behandlungsbedürftig betrachtet. Man kann also beides ernst nehmen: die konstante Realprävalenz und die steigende diagnostische Prävalenz mit daraus steigender Behandlungsbedürftigkeit. Die steigende Diagnoseprävalenz stellt eine Angleichung an die Realprävalenz dar, und die Realprävalenz ist so hoch, weil Diagnoseschwellen gesenkt und mehr Krankheitsbilder erfasst werden.

Es ist allerdings nicht erkennbar, dass wir diesem Problem nicht gewachsen sind. Sowohl die Zahl der Psychotherapeuten hat sich in den letzten 30 Jahren vervielfacht als auch die Quote ihrer Inanspruchnahme. Es werden mehr Leute behandelt als je zuvor, und auch der Anteil der unbehandelten Kranken ist gesunken (Richter et al. 2008, S. 327; Spießl 2008, S. 319; DAK-Gesundheitsreport 2013, S. 77). Wenn trotzdem geklagt wird, dann offenbar wegen des psychischen Gesetzes der »wachsenden Penetranz sinkender Restgrößen« (Odo Marquard). Je besser die Versorgung (mit Kindertagesstätten, Psychotherapeuten, Ärzten etc.), desto stärker werden noch existierende Versorgungslücken als unerträglich wahrgenommen. Die irritierende Seite daran ist die damit einhergehende Dauerklage, die die Fortschritte vernebelt, die diesbezüglich erreicht worden sind. Die positive ist, dass dadurch die Versorgung *noch* weiter verbessert werden kann. Vielleicht ist das eine ohne das andere nicht zu haben.

Dabei besteht allerdings immer auch die Gefahr der Ressourcenübernutzung, etwa wenn schon kleine Verhaltensbesonderheiten der therapeutischen Korrektur zugeführt werden (für Kinder siehe dazu Hauch 2015, S. 168 ff.) oder vergleichsweise geringe Wartezeiten beim Arzt oder Therapeuten als unzumutbar gelten. Die Balance zwischen wünschenswerter Versorgungsverbesserung und entbehrlicher Überversorgung ist schwer zu finden, auch deshalb, weil die Versorgungsverbesserung zu einer angebotsinduzierten Nachfrage führt und die Zahl der Diagnosen mit dem Versorgungsgrad, also der Arztdichte, steigt. So ist etwa die Stadt Würzburg bestens versorgt mit Kinderpsychiatern, außerdem ein Zentrum der ADHS-Forschung und zugleich *die* deutsche Hochburg der ADHS-Diagnosen. Es gibt dort eine hohe Pro-Kopf-Quote an Kinder- und Jugendpsychiatern und (deshalb) zugleich die höchste Zahl an ADHS-Diagnosen (Blech 2014a, S. 96 f.). Ähnlich weist der Kreis Ansbach bundesweit die höchsten Depressionsziffern auf und verfügt zugleich über eine der größten psychiatrischen Ambulanzen des Landes (Sauer 2015).[5]

Natürlich kann man auch hier von einer Aufhellung des Dunkelfeldes ausgehen und argumentieren, dass etwa die Zahl der ADHS-Fälle bei geringerer Versorgung eben unterschätzt wird. Dagegen sprechen die weitgehend konstanten Realprävalenzen von ADHS aus epidemiologischen Untersuchungen, die für versorgungsbedingte Verzerrungen kaum anfällig sind. Sie legen die Deutung nahe, dass durch ein immer höheres diagnostisches Auflösungsvermögen von Fachleuten, Versorgungsdichte und Besonderheiten des Abrechnungs- und Förderungswesens – nur für Diagnosen gibt es Geld bzw. Förderung in speziellen Programmen – auch grenzwertige Fälle von Erziehungsversagen und Teilleistungsschwächen zunehmend in Krankheiten verwandelt werden (s. z. B. Hauch 2015).

Auch das Argument, dass früher subklinisch milde Formen des ADHS heute wegen gestiegener Anforderungen, Reizflut etc. über die klinische Schwelle gehoben würden, also der harte Kern an ADHS-Kindern konstant sei und nur der weiche Rand zugenommen habe, überzeugt nicht. Schon von Harnack (1958) hatte in seiner Untersuchung an Hamburger Schulkindern 12 % als »ausgesprochen hypermotorisch« und 23 % als konzentrationsgestört eingeschätzt. Den weichen Rand gab es also schon damals, nur nicht unter dem Namen ADHS. Demzufolge haben nicht die Aufmerksamkeitsstörungen zugenommen, sondern die Aufmerksamkeit für sie.

Es kann nicht nachdrücklich genug darauf hingewiesen werden, dass die Häufigkeit von Diagnosen in hohem Maß von den verwendeten Untersuchungsmethoden abhängt (s. z. B. Roberts et al. 1998, S. 716). Bei Kindern und Jugendlichen etwa ergibt die Verwendung der Rutter-Methoden 12 % Kranke, die der K-SADS Schedule 14 %, die der DISC Schedule 20–25 %, die des DSM-III 19–23 % und rein klinische Einschätzungen 10–14 %. Ebenfalls von Bedeutung ist, ob bloß Symptome bzw. Symptomcluster erhoben werden oder auch deren Schweregrad in die Falldefinition mit eingeht. Roberts et al. (ebd., S. 722) berichten von einem erheblichen Anteil an Kindern und Jugendlichen, die zwar die Fallkriterien des DSM-III erfüllen, ohne aber subjektiv oder funktionell beeinträchtigt zu sein. Die Verwendung von Beschwerdeeinschätzungsverfahren, über deren Güte leider keine Einigkeit besteht, kann die Fallzahlen auf ein Drittel reduzieren.

Dasselbe gilt für Erwachsene. Das in seiner methodischen Komplexität einzigartige Mannheimer Kohortenprojekt von Schepank und Mitarbeitern (Überblicke bei Franz et al. 2000 und Lieberz et al. 2011) ergab unter anderem, dass bei Verwendung von ICD-8-Kriterien 54 % der Untersuchten als Fälle identifiziert werden konnten (Franz et al. 2000, S. 47). Da aber die meisten Menschen mehr oder weniger häufig Symptome aufweisen, hielten es die Autoren für notwendig, eine Schweregradeinschätzung vorzunehmen, die es erlaubt, Symptome von Krankheitswert von solchen zu unterscheiden, die nur Befindlichkeitsstörungen anzeigen oder als Bagatellsymptome betrachtet werden können. Unter zusätzlicher Verwendung eines elaborierten Beschwerdeeinschätzungsverfahrens (Kurzdarstellung ebd., S. 35 ff., 164 f.) sank die Zahl der Fälle auf 26 %. Für eine solide Falldefinition ist es deshalb unerlässlich, den Beschwerdegrad mitzuberücksichtigen. Daraus folgt, dass reine Fragebogenuntersuchungen, die nur die Existenz von Symptomen erheben, allenfalls als Screeninginstrumente geeignet sind, denen eine genauere Untersuchung folgen sollte. Diese unterbleibt jedoch häufig, wodurch die Fallzahlen aufgebläht werden (können).

Strittig ist, ob die zunehmende Einbeziehung von Hausärzten in die Diagnostik psychischer Erkrankungen ebenfalls zu deren Erhöhung beiträgt. Manche diesbezüglichen Untersuchungen stellen eine Überdiagnose fest, andere eine Unterdiagnose. Jacobi (2009) findet die diagnostische Sensibilität bei Hausärzten ermutigend hoch, weil die überwiegende Zahl der psychischen Erkrankungen als solche erkannt wird. Die diagnostische Kompetenz hingegen sei verbesserungsbedürftig, weil häufig Angst- oder somatoforme Störungen als Depressionen fehlklassifiziert werden (was auch einen Beitrag zur Zunahme ihrer Diagnoseprävalenz leisten kann). Die Sensibilität des Urteils ist also höher als seine Spezifität/Kompetenz. Frances (2013, S. 160) hingegen findet die ganze Entwicklung, psychiatrische Erkrankungen durch Hausärzte feststellen zu lassen, »absolut unvernünftig« und für die diagnostische Inflation mitverantwortlich, weil in sieben Minuten, die dem Hausarzt im Durchschnitt zur Verfügung stehen, keine akkurate Diagnose gestellt werden kann. Das mag sein, und auch Jacobi findet die diagnostische Spezifität verbesserungsbedürftig, aber die Sensibilität befriedigend. Frances ist hier, wie auch an anderen Stellen seines süffig geschriebenen Buches, das als Streitschrift allerdings gelegentlich notwendige Differenzierungen vermissen lässt, recht vorschnell. Wenn er etwa an epidemiologischen Studien bemängelt, sie würden »in der Regel« durch Telefoninterviews von angelernten Laien durchgeführt (ebd., S. 136 f.), so vernachlässigt er die, die das nicht machen. Die soliden unter ihnen kommen »in der Regel« zu niedrigen Erkrankungsraten, selten zu Zunahmebehauptungen. Und dass Fachleute keineswegs vor den Gefahren diagnostischer Inflation gefeit sind, zeigt das erwähnte Beispiel der Würzburger Kinderpsychiater.

Diagnosen nehmen zu, Krankheiten nicht: Wie ist das möglich?

Oben wurde gezeigt, dass gerade die Studien mit den besten Methoden die Behauptung *nicht* stützen, dass psychische Störungen zunehmen. Franz et al. (2000, S. 160) stellen nach mehr als zwanzigjähriger Beschäftigung mit dieser Thematik unmissverständlich fest:

Es »besteht für eine oft mit Kassandrarufen proklamierte angebliche Zunahme psychischer Erkrankungen in der Bevölkerung heute
im Vergleich zu früheren Jahrzehnten im Sinne sogenannter Zivili-
sations- oder Zeiterkrankungen kein Anhalt und bisher keinerlei ge-
diegener Nachweis. Oft herangezogene Ursachenklischees dienen
mehr der quasitheoretischen Weltbewältigung lautstarker Moral-
apostel oder unseriöser Leistungsanbieter«. Diese Situation hat
sich in den letzten fünfzehn Jahren nicht geändert (s. Jacobi 2009,
S. 20 ff.; Busfield 2012, S. 586; Richter/Berger 2013, Genz/Jacobi
2014b, S. 39 f.). Deshalb muss man sich fragen, warum die Zunah-
mebehauptung dennoch so häufig vertreten wird.

Busfield sieht zwei Hauptursachen. Erstens: Wegen der oben beschriebenen Prozesse der gestiegenen Sensibilität, der Verfeinerung
der Diagnostik, der Vervielfältigung der Zahl möglicher Erkrankungen, wenig trennscharfen bloßen Symptomabfragen etc. verschwimmt
die Grenze zwischen gesund und krank und vormals Normales
kommt in den Bereich des (potentiell) Pathologischen. Begleitet
wird dieser innermedizinische Wandel von einem Kulturwandel in
der Bewertung von eigenen und fremden Verhaltensweisen, der das
Etikett »krank« zugleich inflationiert und enttabuisiert und damit
paradoxerweise »normalisiert«. Die Kehrseite dieser von Frances
(2013) beklagten Pathologisierung der Normalität ist die Normali-
sierung der Pathologie. Die Inflation der Diagnosen kann nämlich
auch einen entspannenden Effekt haben, wenn man sie dahingehend rezipiert, dass wir eben fast alle »irgendwie oder irgendwo«
ein bisschen gestört sind oder sein könnten. Alarmismus führt hier
jedoch in die Irre, denn wir sind ja gar nicht kränker geworden, sondern nur bereiter, ein Phänomen X als Krankheit zu bezeichnen und
zu verstehen. John F. Kennedys Sexualleben etwa galt zu seiner
Zeit nicht als pathologisch, wohl aber heute, und Tiger Woods' heutige sogenannte »Sexualsucht« hätte damals eher Bewunderung als
Pathologieverdacht erregt.

Den zweiten Grund für die Bereitwilligkeit, die Behauptung steigender Krankheitsziffern zu glauben, sieht Busfield in der unkritischen Bereitschaft kritischer Sozialwissenschaftler, ihre Gesellschaftskritik mit vermeintlich steigenden Krankheitszahlen zu untermauern.

Die von ihnen angeführten steigenden Krankheitszahlen ergeben sich jedoch in der Regel nur in methodisch wenig sorgfältigen epidemiologischen (Fragebogen-)Untersuchungen oder bei Auswertung von Krankenkassendaten, die aus verschiedenen Gründen für eine Zunahme von Diagnosen anfällig sind, etwa um Zugang zu Fördermitteln oder Rehabilitationsleistungen zu ermöglichen. Befürworter der Steigerungsthese rekurrieren bevorzugt auf solche Angaben.

So bezieht sich beispielsweise Weiß (2013) überwiegend auf Daten deutscher Krankenkassen und vernachlässigt fast alle bisher dargestellten epidemiologischen Untersuchungen. Deshalb *vermutet* sie, dass der Anstieg der Diagnoseprävalenzen einen Anstieg der Realprävalenzen widerspiegelt. Genau dies ist aber (auch für Deutschland) nachweisbar *nicht* der Fall. Der Vergleich der Daten des Bundesgesundheitssurveys von 1998 mit denen der Studie zur Gesundheit Erwachsener in Deutschland des Robert Koch-Instituts von 2012 ergibt, wie oben erwähnt, *keine Zunahme* in der Häufigkeit psychischer Erkrankungen, auch nicht der Depressionen. Dies belegt, dass die erhöhten Krankschreibungen oder Berentungen unter psychischen Diagnosen *ausschließlich* auf Veränderungen der Diagnosegewohnheiten oder Versorgungsverbesserungen zurückzuführen sind, nicht aber auf einen realen Anstieg der Krankheiten. Für die Deutung geringfügiger Abweichungen aufgrund methodischer Besonderheiten sei auf die Ausführungen im DAK-Gesundheitsreport (2013, S. 52 ff.) und die Arbeiten von Busch et al. (2013) sowie Jacobi et al. (2014) verwiesen. Im Report wird mit der gebotenen Vorsicht festgestellt, es sei *nicht ausgeschlossen*, dass Depressionen und Hyperaktivitätsstörungen *in jüngeren Kohorten* etwas zugenommen haben könnten. Ausschließen sollte man auch das nicht, aber die Belege dafür sind, wie die oben dargestellte Literatur zeigt, bisher wenig überzeugend.

Weiß (2013, S. 199 f.) argumentiert weiter, dass man die steigenden Diagnosezahlen in Krankenkassenreporten allein wegen ihrer Größenordnung und der Kontinuität des Anstiegs *nicht* als Artefakt betrachten solle. Genau das sollte man aber tun. Je kontinuierlicher und stärker der Anstieg, desto wahrscheinlicher ist, dass es sich dabei um ein Ergebnis der Veränderung von Diagnosegewohnheiten oder -kriterien handelt. Würde man nämlich die Steigerungen von

Diagnoseprävalenzen als validen Indikator für eine Steigerung der Realprävalenzen betrachten, so müsste man auch glauben, dass sich in den Vereinigten Staaten die Zahl der Autisten in den letzten 20 Jahren verzwanzigfacht hat und die der bipolar gestörten Kinder in zehn Jahren vervierzigfacht (Frances 2013, S. 211, 215; Grölle 2014); und man müsste weiter glauben, das sich die Lebens- und Arbeitsbedingungen in Deutschland so verschlechtert haben, dass sie für einen Anstieg der (von Kassenärzten diagnostizierten) psychischen Erkrankungen um 57 % in den Jahren zwischen 2001 und 2012) verantwortlich sind (BPtK 2013, S. 20).

Bei Jacobi (2009, S. 17, 21), der diese ganze Problematik ebenfalls diskutiert, heißt es dazu resümierend: »… die Erklärung für die drastische Zunahme in den Krankenkassenstatistiken liegt … *nicht in einer Erhöhung der allgemeinen Prävalenz psychischer Störungen in der Bevölkerung.*« Und: »… *die Prävalenz psychischer Störungen (ist) trotz gesellschaftlicher Veränderungen nicht besonders volatil!*« (Kursivierungen von mir)

Nun gibt es neben Krankenkassendaten auch schlechte epidemiologische Untersuchungen, die die Zunahmebehauptungen stützen. Besonders beliebt, weil kostengünstig, sind telefonische Befragungen durch schnell angelerntes Personal, meist Studenten, die aufgrund solcher Befragungen dann diagnostische Einschätzungen vornehmen. Auf diese Weise befragt man beispielsweise Jugendliche oder ihre Eltern, wie lange ihre Kinder täglich am Computer spielen. Dann legt man einen sogenannten *cut-off-point* von, sagen wir, vier Stunden täglich fest. Wer mehr spielt, ist »computersüchtig«. Ähnlich zweifelhafte Studien finden sich auch zu Depression, ADHS und anderen Störungsbildern.

Es sind solche Untersuchungen, die Frances (2013) zu Recht kritisiert. Dieser Autor, langjähriger Mitarbeiter am DSM, ist zu dessen prominentem Kritiker geworden. Er beklagt, dass schlampig geplante und durchgeführte Studien zu einer Diagnoseinflation auch bei epidemiologischen Studien (nicht nur bei Krankenkassenuntersuchungen) geführt haben. Die reale Vorkommenshäufigkeit sei, vor allem wenn man noch die Absenkung der Schwellenwerte berücksichtige, hingegen weitgehend konstant geblieben.

Auch epidemiologische Forschung kann die Vorkommenshäufigkeit von Erkrankungen nur *im Rahmen eines bestimmten Diagnosesystems* erheben. Verändert man dieses, indem man beispielsweise für die Diagnose »Depression« nur noch das Vorhandensein von vier statt wie bisher fünf von neun Symptomen fordert oder die notwendige Symptomdauer für die Diagnosestellung von vier Wochen auf 14 Tage absenkt, so steigen auch die epidemiologisch erhobenen Depressionsziffern. Solche Schwankungen verändern nicht die Zahl der *in der Wirklichkeit* vorhandenen Symptome, aber sie beeinflussen, ob diese Symptome in Summe oder Dauer als krankheitswertig *definiert* werden, und dadurch die Zahl der als krank *Erfassten*. Auch gegen Sensibilitätssteigerungen sind epidemiologische Untersuchungen nicht gefeit. Wenn eine Person im Jahr 1960 ihrem Seelenleben gegenüber wenig offen ist, so kann es sein, dass sie vorhandene Symptome nicht bemerkt oder ihnen keine Bedeutung beimisst und sie deshalb nicht berichtet. Eine Generation später hat die Aufmerksamkeit für Symptome zugenommen, sie werden berichtet, und entsprechend steigt auch die *so festgestellte* Häufigkeit (Realprävalenz).

Dass die Realprävalenz in den vergangenen 40 Jahren trotz diverser *Absenkungen* der Diagnosekriterien, Vervielfältigungen der möglichen Krankheiten und Sensibilitätssteigerungen in der Bevölkerung trotzdem *nicht* gestiegen ist, ist demnach eher ein Indiz dafür, dass wir wahrscheinlich sogar gesünder geworden sind. Die Konstanz von Krankheitshäufigkeiten in (guten) epidemiologischen Studien maskiert vermutlich deren Rückgang in der Wirklichkeit. Die Frage wäre dann nicht mehr: Haben psychische Störungen zugenommen? Sondern: Warum haben psychische Störungen – in Ansehung der Verbesserung der Lebensverhältnisse für Erwachsene und Kinder – in den letzten 40 Jahren nicht abgenommen? Die Antwort wäre: Weil die Abnahme in der Wirklichkeit kompensiert worden ist durch eine Verfeinerung und Erweiterung der epidemiologischen Diagnosesysteme und Sensibilitäten. Berücksichtigt man nämlich die oben beschriebenen Veränderungen in den Diagnosemanualen zwischen 1952 und 2014, so grenzt es fast an ein Wunder, dass die ermittelte Häufigkeit psychischer Erkrankungen nicht zugenommen hat, sondern konstant geblieben ist. Würde man mit den heutigen diagnostischen Manualen die Bevölkerung von 1952 epidemiologisch untersuchen oder mit denen von 1952 die heutige, so würde sich vermutlich sogar zeigen, dass die psychischen Erkrankungen früher häufiger waren. Die reale Abnahme erscheint aber nicht in den Zahlen, weil sie durch die Zunahme von Diagnosemöglichkeiten und die Erleichterung der Kriterien für Diagnosevergaben aufgezehrt worden ist. Diese Vermutung wurde schon vor 30 Jahren vom »linken« Psychoanalytiker Emilio Modena (1985) geäußert, blieb aber ungehört. Sie kann auch nicht (mehr) überprüft werden, weil man die heutige Bevölkerung nicht mehr mit den Methoden von damals untersuchen kann und die damalige (weil sie nicht mehr existiert) nicht mehr mit den Methoden von heute. Diese Vermutung ist aber nicht aus der Luft gegriffen, sondern kann durch eine einfache Überlegung illustriert werden. Erfahrungsgemäß erhält heute etwa ein Drittel der an Kriegshandlungen aktiv beteiligten Soldaten und der ihnen passiv ausgesetzten Zivilbevölkerung die Diagnose einer posttraumatischen Belastungsstörung. Hätte man die deutsche Nachkriegsbevölkerung im Jahr 1952 mit den heutigen Kriterien des PTSD untersucht, so hätte man etwa 33 % Traumatisierte gefunden, also allein in dieser einen Unterkategorie mehr, als die Gesamtheit psychischer Erkrankungen heute beträgt.

Ich fasse zusammen: Die steigenden Diagnoseprävalenzen der Krankenkassen sind ein Indiz dafür, dass das Dunkelfeld vormals unentdeckter Krankheiten durch ein zunehmend ausdifferenziertes Versorgungssystem aufgehellt wird. Es ist dann vollständig aufgehellt, wenn Real- und Diagnoseprävalenz übereinstimmen. Es existiert weiter, wenn die Diagnoseprävalenzen unter den Realprävalenzen liegen (was empirisch meist noch der Fall ist). Überdiagnosen liegen dann vor, wenn die Diagnoseprävalenzen über den Realprävalenzen liegen (was z.B. für ADHS der Fall ist). Über eine unabhängig von Diagnosesystemen vorliegende Krankheitshäufigkeit sind keine Aussagen möglich, jedenfalls keine empirischen.[6]

Epidemiologische Studien sind nun aber – und das ist der zentrale

Punkt in der Debatte um Real- versus Diagnoseprävalenz –, trotz Absenkung der Diagnosekriterien, für Diagnosesteigerungen *weniger* anfällig als Krankenkassenstudien, weil sie Problemen wie dem der angebotsinduzierten Nachfrage, also dem gut dokumentierten Zusammenhang zwischen hoher Arztdichte und *daraus resultierenden* häufigeren Diagnosen, nicht unterliegen (und anderen Problemen mit demselben Effekt auch nicht; s. o.).

Das für den Anstieg der Diagnoseprävalenz bei Konstanz der Realprävalenz Gesagte gilt übrigens nicht nur für die steigende Zahl von Krankschreibungen unter psychischen Diagnosen, sondern auch für die der Berentungen. Wolfgang Panter, Präsident des Verbandes Deutscher Betriebs- und Werksärzte, sieht selbst im *eventuellen* Anstieg der Arbeitsintensität *keine* Ursache für die zunehmenden *Frühverrentungen* unter psychischen Diagnosen. Vielmehr gelte: »Es ist heute leichter, mit einer psychischen Erkrankung frühverrentet zu werden als mit einer somatischen Erkrankung wie Krebs oder Herz-Kreislauf-Beschwerden« (zit. nach Dostert 2015). In anderen Worten: Die Zunahme psychisch bedingter Frühverrentungen ist auf eine veränderte Begutachtungspraxis zurückzuführen, nicht auf eine Zunahme der Erkrankungen (ähnlich Linden 2013; zu weiteren Einwänden gegen die undifferenzierte Globalbehauptung, zunehmende Arbeitsbelastung sei *die* Ursache psychisch bedingter Frühverrentung s. Genz/Jacobi 2014a, S. 34 f.).

Kapitel 2
Warum findet die Zunahmebehauptung breite Zustimmung?

Die kapitalistische Leistungsgesellschaft im Visier

Arbeitsbelastung als vermutete Ursache psychisch bedingter Krankheitszunahmen

Im Gegensatz zu dieser gut belegten Aussage beziehen sich Teile der kritischen (Arbeits-)Soziologie immer wieder auf Behauptungen über Leistungssteigerung, Arbeitsverdichtung, ständige Erreichbarkeit, Entgrenzung von Arbeit und Beruf sowie E-Mail-Flut als Ursachen für Krankheitszunahmen. Jede dieser Behauptungen verdient genauere Prüfung, wenn auch nicht alle im Rahmen dieses Essays hinterfragt werden können. Es lässt sich zeigen, dass die meisten diesbezüglichen Aussagen erheblicher Einschränkungen bedürfen – sei es, weil Alltagsbeobachtungen oder einzelne Forschungsbefunde unzulässig verallgemeinert werden; sei es, weil die angeblichen Krankheitsfolgen öfter behauptet als nachgewiesen werden (häufig werden nur erhöhte Risiken für Krankheitszunahmen belegt oder Befindlichkeitsbeeinträchtigungen oder subklinische Symptomzunahmen); sei es, weil die Krankheitszunahmen auf veränderte Diagnosegewohnheiten und *nicht* auf steigende Arbeitsbelastungen zurückzuführen sind; sei es, weil die steigenden Krankheits- oder Stresszahlen auf eine sinkende Belastungsfähigkeit zurückzuführen sind, was bisher nur unzulänglich erforscht ist (eine diesbezügliche Andeutung findet sich bei Weber 2015).

Gelegentlich werden branchenspezifisch unterschiedliche *Krankschreibungshäufigkeiten* – z.B. höhere in Stressbranchen wie Callcentern oder Altenpflege – als Beleg für den Einfluss der Arbeitsbelastung auf Depressionen angeführt. Diesen kann es durchaus geben. Dennoch sind auch bei solchen Zahlen noch andere Faktoren zu berücksichtigen. Bekannt ist, dass in den genannten Berufen gehäuft Frauen arbeiten. Sie weisen a) unabhängig vom ausgeübten Beruf eine höhere Rate an Krankschreibungen wegen Depression auf und sind b) auch in epidemiologischen Untersuchungen häufiger depressiv als Männer. Zumindest ein Teil der erhöhten depressionsbedingten Krankschreibungen in diesen Berufen ist also nicht berufs-, sondern geschlechtsspezifisch (Genz/Jacobi 2014a, S. 34).

Außerdem erklärt der Verweis auf branchenspezifische Arbeitsbedingungen nicht die regionenspezifischen Differenzen. Die *Zahl der Fehltage* wegen Depression beträgt in Hamburg 1,42 pro Erwerbsperson, in Baden-Württemberg hingegen nur 0,84. (Im Durchschnitt fehlt jeder Erwerbstätige in Deutschland *einen* Tag pro Jahr wegen Depressionen). »Sind die Arbeitsbedingungen in Hamburg so viel krank machender als in Baden-Württemberg, wenn man die Hauptthese im Kopf hat, dass es die kapitalistischen Arbeitsbedingungen sind, die depressionsverursachend sind?«, fragt Sell (2015) in seinem informativen Kurzbeitrag zum Thema. Der Depressionsatlas 2015 (S. 10) stellt diesbezüglich fest, dass im städtischen Raum mehr Erwerbspersonen von Arbeitsunfähigkeit wegen Depressionen betroffen sind als im ländlichen Raum, und vermutet, dies könne mit unterschiedlichen Lebensbedingungen, unterschiedlicher Versorgungsdichte sowie der unterschiedlichen (Selbst-)Wahrnehmung psychischer Beschwerden in Stadt und Land zusammenhängen. Und weiter wird festgestellt (ebd., S. 5f.), dass trotz der erheblichen Steigerung der psychischen Diagnosen im Allgemeinen und der Depressionsdiagnosen im Besonderen die Zahl der wegen irgendeiner psychischen Störung krankgeschriebenen Erwerbstätigen im Jahr 2013 nur 5,72 % betrug, die Zahl der wegen Depression Krankgeschriebenen sogar nur 1,63 %. Gut 94 % *der Erwerbsbevölkerung* haben also im Jahr 2013 trotz einer anhaltenden Periode vorheriger Steigerung überhaupt keine psychische Diagnose erhalten und über 98 % keine Depressionsdiagnose. Diese Krankenkassenzahlen liegen weit *unter* den epidemiologisch erhobenen Häufigkeiten und verweisen auf Dunkelfeldaufhellung, nicht aber auf eine Steigerung der Realprävalenz (s. a. Jacobi 2012, S. 24).[1]

Im DAK-Gesundheitsreport von 2013 wird ebenfalls konstatiert, dass die Rolle der Arbeitswelt beim Anstieg der Fehltage und Fallzahlen wegen psychischer Erkrankungen (auch von Ärzten) erheblich überschätzt und die Veränderung diagnostischer Gewohnheiten (Umetikettierung, Entstigmatisierung etc.) unterschätzt wird. Dort wird auch die spezifische Behauptung ständiger Erreichbarkeit durch E-Mail, Telefon und Handy einmal genauer untersucht. Das Ergebnis lautet: Nur 8,4 % der Arbeitnehmer weisen ein hohes Maß an Erreichbarkeit auf, 16 % ein mittleres, die anderen sind kaum oder gar nicht erreichbar. Psychische Gesundheitsgefährdungen ergeben sich vor allem bei hoher Erreichbarkeit. Die Anzahl derer, die Arbeit täglich oder mehrmals die Woche mit nach Hause nimmt, wird mit 10,5 % angegeben, weitere 10 % tun das höchstens einmal die Woche, der Rest selten oder nie. Beim Thema ständiger Erreichbarkeit oder verschwindender Grenzen zwischen Arbeit und Privatleben handelt es sich demzufolge in erheblichem Ausmaß um ein Produkt einseitiger und in den Medien dramatisierter Berichterstattung. Ein Beispiel dafür geht so: »Der Stress entsteht im Kopf, weil wir in der Mailflut ersticken, nie Feierabend machen, noch nachts rastlos umhersurfen oder an Präsentationen feilen« und deshalb im »Geschäftigkeitsterror« versinken (Weiguny 2013). Solche Darstellungen der Arbeitswelt sind ebenso irreführend wie nachprüfbar falsch. Leider wird nicht nur von Journalisten, sondern auch von Wissenschaftlern die ständige Erreichbarkeit als »omnipräsentes Phänomen« behauptet (z.B. Schmiede 2011, S. 122 f.). Außerdem wissen Arbeitnehmer diese oft beklagte Entgrenzung von Beruf und Privatleben durchaus für sich zu verwenden. Mindestens 25 % nutzen täglich, weitere 10 % mehrmals in der Woche das Internet während der Arbeitszeit in nennenswertem Umfang für private Zwecke. Die Angaben zum Umfang streuen stark, das Dunkelfeld ist groß. Weitgehend Konsens besteht darüber, dass diese Nutzung eine der größten Ablenkungen am Arbeitsplatz darstellt. Im Übrigen bekundet eine Mehrheit der durch ständige Erreichbarkeit Gestressten, dass die Hauptursache nicht die Arbeit, sondern Familie, Freunde und Bekannte seien, für die man ständig erreichbar sein müsse.

Zum Zweiten kann man beispielsweise die Befunde des »Stressreports 2012« (2013) dahingehend zusammenfassen, dass es sich beim Konsens über steigende Arbeitsbelastung in den letzten Jahren um eine Fehlwahrnehmung handelt. Die Arbeitsbelastung hat zwischen Ende der 1990er und Mitte der 2000er Jahre zugenommen, seither ist sie konstant. Die Frage, wie groß der Anteil arbeitsbedingter psychischer Belastungen an möglichen späteren psychischen Erkrankungen ist, kann derzeit nicht definitiv beantwortet werden (ebd., S. 11 f., 178, 181). Bisher liegen einige Hinweise vor, etwa auf einen Zusammenhang zwischen steigender Arbeitsintensität und Depressivität (Literatur ebd., S. 12), wobei angemerkt werden muss, dass Depressivität nicht gleichbedeutend mit Depression ist, sondern subklinische Stimmungsschwankungen bezeichnet. Die weiteren Fragen, nämlich a) wie ausgeprägt dieser Zusammenhang ist, b) wie stark er von Persönlichkeitsvariablen abhängt, die das, was als Arbeitsbelastung empfunden wird, wesentlich mitbestimmen, und c) wie moderne Arbeitsbedingungen am besten stress-/burnout-/depressionsmindernd gestaltet werden können, sind legitim und klärungsbedürftig, sollten aber nicht zum Spielfeld weltanschaulicher Grabenkämpfe werden.

Die Zahl derer, die in den letzten Monaten starken Stress empfanden, sei es aus persönlichen, sei es aus beruflichen Gründen, liegt in der DEGS-Studie des Robert Koch-Instituts (2012, S. 31) bei 11 %. Die Zahl derer, die sich von der Arbeit quantitativ überfordert oder gesundheitlich stark belastet fühlen, streut zwischen 12 % (Kaschka et al. 2011), 17 % (Kroll et al. 2011) und 19 % (Stressreport 2012, S. 93 ff.). Weiter gibt es 4 bis 5 % qualitativ Überforderte sowie 5 % quantitativ und 13 % qualitativ Unterforderte. Die Zahl der Überforderten hat sich zwischen 2005/6 und 2011/12 nicht verändert (ebd. und Linden 2013). Folgt man Shorter (1992, S. 498 ff.), so hat sich auch langfristig nichts verändert. Zu jedem Zeitpunkt im 20. Jahrhundert, sei es 1920, 1970 oder 1980, fühlten sich nämlich meist ca. 20 bis 30 % der Bevölkerung müde oder erschöpft.

Ehrenberg (2010, S. 399 ff.) weist in Anlehnung an das arbeitswissenschaftliche Modell von Karasek darauf hin, dass nicht Intensivierung das Problem ist, sondern das Verhältnis zwischen (eventuell gestiegener) Arbeitsintensität bzw. »Anforderung« und dem Ausmaß an »Kontrolle« bzw. Beeinflussungsmöglichkeit, das der Einzelne in Bezug auf seine Arbeitsabläufe hat. Eine repräsentative europaweite Untersuchung ergab, dass 23 % der Arbeitsplätze eine *potentiell* gesundheitsbeeinträchtigende Kombination von hoher Anforderung und geringer Kontrolle aufwiesen (ebd., S. 414). Dem arbeitswissenschaftlichen Modell von Siegrist/Siegrist (2014a, S. 71) zufolge sind es je nach Branche zwischen 10 % und 35 % der Arbeitsplätze (im Durchschnitt also ebenfalls 23 %), bei denen wegen eines Ungleichgewichts zwischen »effort« und »reward« eine *potentiell* gesundheitsschädliche »Gratifikationskrise« entsteht. Einen breitangelegten Überblick zur Thematik möglicher gesundheitlicher Folgen dysfunktionaler Arbeitsanforderungen gibt Bauer (2013), der allerdings vorwiegend die Belastungsbefunde stressiger Arbeit thematisiert. Zu kurz kommt hier beispielsweise, dass übermäßige Langeweile bei der Arbeit genau so ungesund sein kann wie übermäßiger Stress (Britton/Shipley 2010) oder dass *die Einstellung* zum Stress dessen Wirkung mitbeeinflusst (Strack et al. 2014).[2]

An dieser Stelle ist es nun an der Zeit, auch einmal die Entlastungsbefunde zumindest kurz zu erwähnen. Arbeit hat nämlich nicht nur eine gesundheitsbelastende, sondern auch und vor allem eine gesundheitsprotektive Funktion, etwa durch die Sicherstellung des sozialen Kontakts zu Kollegen, die Organisation und Strukturierung des Alltags sowie das Gefühl, gebraucht zu werden. Ablesen lässt sich dies unter anderem an Daten des Bundesverbandes der Betriebskrankenkassen. Ihnen zufolge haben im Jahr 2014 8,7 % der BKK-Versicherten eine Depressionsdiagnose erhalten, aber 13,5 % der Arbeitslosen und sogar 16 % der Rentner. Dies illustriert zum einen, dass die einseitige Betonung von Arbeitsstress als Ursache für Depressionen an der Komplexität der Problemlage vorbeigeht, zum anderen, dass der Ruhestand in seiner entlastenden Funktion überschätzt wird. Bei 70 % gibt es einen unkomplizierten Übergang in diese Lebensphase, bei 5 % verbessert sich das gesundheitliche Befinden, aber bei immerhin 25 % verschlechtert es sich in einem Achtjahreszeitraum nach Eintritt. Und nicht nur die Depressionen sind bei Rentnern häufiger, sondern auch die Suizide, der Alkoholkonsum und die Ehestreitigkeiten. Diese und andere Befunde haben einen Journalisten (Wolfgang Prosinger), der ein Buch über Rentner geschrieben hat, zu der kernigen Feststellung veranlasst: »Wäre die Rente eine Medikament, würde man sie verbieten wegen der Nebenwirkungen« (ref. nach Niejahr/Rudzio 2015).

Spezialfall Burn-out

Wie wenig solche Befunde in der öffentlichen Berichterstattung präsent sind und stattdessen Zustände der Arbeitswelt skandalisiert werden, zeigt ein prototypisches Beispiel. Nils Minkmar (2012), ehemaliger Feuilletonredakteur der Frankfurter Allgemeinen Zeitung, beschreibt Burn-out als Ergebnis einer zu ungleichen Einkommens- und Vermögensverteilung sowie von Arbeitsplätzen, die als neoliberale »Hölle« permanenter, frenetischer Selbstoptimierung angeprangert werden. Seine Kollegin Julia Encke (2012) sekundiert und spricht anlässlich einer Rezension von Angestelltenromanen vom Büro als »Terrorzelle« der Gesellschaft. Wer so schreibt, hat weder von der Hölle noch von der Arbeitswelt, noch von Terrorzellen eine zutreffende Vorstellung.

Um nur einen Befund anzuführen: Wenn eine Befragung aus dem Jahr 2007/2008 ergibt, dass von 1700 Betriebsräten 47 % die Arbeitsbedingungen in ihrem Betrieb als sehr gut bis gut bezeichnen, weitere 41 % als befriedigend, 9 % als ausreichend und nur 3 % als schlecht oder sehr schlecht, so wäre die Rede von einer paradiesischen Arbeitswelt angemessener als die von einer Hölle. Entsprechend lautet die Überschrift eines Artikels, der einige Daten zur hohen Arbeitszufriedenheit deutscher Arbeitnehmer enthält: »Ich arbeite in einem Freudenhaus« (Däfler 2013). Man muss es allerdings weder in die eine noch in die andere Richtung übertreiben.

Minkmar meint weiter, dass, wer Burn-out-Erkrankung durch individuelles Verhaltenstraining behandle, sich so verhalte wie jemand, der den Arbeitern einer Asbestfabrik mehr Staubwischen empfehle. Damit suggeriert er, Stress am Arbeitsplatz sei eine Art karzinogene Substanz, und vernachlässigt völlig, dass Stressverarbeitung im Unterschied zu Asbest»verarbeitung« immer auch ein subjektiver Prozess ist. Individuelle Maßnahmen zur Stressbewältigung werden unter den Verdacht gestellt, es handle sich dabei um Versuche, den Einzelnen für seine Stressprobleme verantwortlich zu machen, um sich die nötigen Veränderungen der Arbeitsbedingungen zu ersparen. Dies ist eine in mehrfacher Hinsicht verkürzte Sichtweise – auch deshalb, weil sie die vorliegenden Ergebnisse von Präventions- und Interventionsstudien zu Burn-out am Arbeitsplatz ignoriert. Hier ein Überblick.

Burisch (2010), der Doyen der deutschen Burn-outforschung, meint, die sehr bestimmt vorgetragenen Behauptungen über Burn-out auslösende Bedingungen in der Arbeitswelt seien meist nicht belegt. Oft fänden sich sogar gegenteilige Befunde, dass nämlich Umstrukturierungen des Arbeitsplatzes nach den gängigen Empfehlungen der Burn-outprävention zu *mehr* Burn-out führten, als wenn nichts dergleichen geschehe.

Unger (2007, S. 258) findet in einer Überblicksarbeit zum Thema Arbeit und Depression, dass alle Interventionsstudien von inkonsistenten Ergebnissen berichten. Bei arbeitsplatzbezogenen Veränderungen verbessere sich die Arbeitszufriedenheit stärker als die psychischen Symptome, die sich gelegentlich sogar verschlechtern würden.

Hillert/Marwitz (2006) werten insgesamt elf einschlägige Studien aus und kommen zu dem von ihnen selbst als »desillusionierend« bezeichneten Ergebnis, dass Änderungen am Arbeitsplatz keinen Effekt auf Arbeitszufriedenheit oder Burn-out haben. Genauer: Vier Studien fanden einen positiven Effekt, vier Studien keinen Effekt, drei einen negativen. Wirksamer, wenn auch oft nur kurzfristig, sind individuelle Programme zur Stressprävention. Ähnliche Ergebnisse kann man den Überblicksarbeiten von Tennant (2001, S. 701) und Anderson entnehmen (2011, S. 15, 17). Der zuletzt genannte Autor resümiert: »Belege für den Einfluss von Arbeitsplatzpolitik sind überraschenderweise ziemlich begrenzt, und was vorliegt, zeigt den begrenzten Einfluss solcher Maßnahmen.«

Etwas optimistischer sind Awa et al. (2010). Sie haben 25 Interventionsstudien ausgewertet, von denen 17 personenbezogen waren, zwei arbeitsorganisationsbezogen und sechs beides kombinierten.

Die meisten Studien (84 %) berichten von positiven Effekten. Die Wirkung der personenbezogenen Interventionen war kurzfristiger (bis zu sechs Monate), die Wirkung der kombinationsbezogenen war langfristiger (bis zu einem Jahr). Die Autorinnen ziehen daraus den Schluss, dass Kombinationsinterventionen wirksamer sind. Der Schluss ist jedoch zweifelhaft, weil dieser Interventionstyp auch länger dauerte (2 bis 6 Monate) als der rein individuumsbezogene (2 Tage bis 3 Monate), so dass die länger anhaltende Wirksamkeit der Kombinationsintervention auch auf deren längere Dauer zurückgeführt werden kann. In dieselbe Richtung weist der Befund, dass bei rein individuumsbezogenen Interventionen die Wirksamkeitsdauer durch kurze Auffrischungssitzungen über die Schwelle von einem Jahr angehoben werden kann (ebd., S. 188 f.).

Auch Hasselhorn/Portuné (2010) finden, wie fast alle mir bekannten Autoren, dass Stressbewältigungstrainings wirksamer sind als Änderungen in der Arbeitsorganisation. Diese sekundäre Intervention mildert allerdings nur die Symptome, sie behandelt nicht die Auslöser. Die Befunde zu den Effekten von Maßnahmen, welche die Arbeitsbedingungen adressieren, sind jedoch, so konstatieren auch diese Autoren, wenig überzeugend. Kombinierte Maßnahmen, die sowohl Verhalten als auch Verhältnisse ändern sollen und deshalb theoretisch ideal erscheinen, sind selten. Entsprechend gibt es derzeit nur geringe Erkenntnisse darüber. Insgesamt kann man deshalb lediglich von einer vagen Evidenz für die Effizienz betrieblicher Interventionsmaßnahmen sprechen. Dies hat dazu geführt, betriebliche Veränderungen nicht nur hinsichtlich ihres Outputs anzuschauen, sondern auch daraufhin zu prüfen, ob vielleicht die Art der Implementation oder sie begleitende Prozesse die erhoffte Wirkung stören. Wenn zum Beispiel während einer Reorganisation der Arbeitsabläufe die Vorgesetzten wechseln, kann der mögliche Effekt wieder konterkariert werden. Aber selbst Studien, die die *black box* der Intervention öffnen und nicht nur Ergebnis-, sondern Prozessforschung betreiben, kommen zum dem Resultat, dass bei der Mehrzahl der Unternehmen keine signifikante Verbesserung des Arbeitsklimas festgestellt werden konnte. Die Autoren bilanzieren, dass seine Verbesserung eine schwierige Aufgabe mit nur begrenzten Erfolgsergebnissen ist. Sie stellen erneut fest, dass Interventionen auf individueller Ebene wirksamer sind als auf betrieblicher, eine Kombination empfehlenswert, aber schwieriger sei als früher gedacht und auch sie keine Erfolgsgarantie biete (ebd., S. 367 f., 370 f.).

Obwohl also viel über arbeitsplatzbezogene Merkmale des Burnout-Risikos bekannt ist, fehlen bis auf den heutigen Tag überzeugende Studien, die die (überlegene) Wirksamkeit arbeitsplatzbezogener Veränderungen nachweisen. Insgesamt ist eher die überlegene (und auch kosteneffektivere) Wirksamkeit individuumsbezogener Ansätze belegt. Sollte diese Befundlage standhalten, so wäre das häufig als Psychologisierung sozialer Probleme (s. z. B. Kury 2012, S. 297) bezeichnete Resultat der Forschung, dass es tendenziell effektiver ist, die Individuen mit Fähigkeiten auszustatten, die es ihnen ermöglichen, mit widrigen Arbeitsbedingungen umzugehen, als die widrigen Bedingungen selbst zu ändern. Verhaltensänderung ist also wirksamer als Verhältnisänderung. Diese Schlussfolgerung wird immer wieder bestätigt, so auch in den Überblicksarbeiten von Zepf/Lahmann (2014) und Limm (2014).

Man kann sich nun bemühen, diese Befundlage – von Ehrenreich (2009, S. 47) als »Triumph der Einstellung über die Umstände« kritisiert und als Denkhaltung einer verflachten positiven Psychologie gebrandmarkt – zu relativieren, aber man sollte sie nicht ignorieren. Sie impliziert nicht, dass Stressbewältigungsmaßnahmen als Kompensation für schlechte Arbeitsplätze bzw. zu hohe Arbeitsintensität eingesetzt werden sollten, aber sie impliziert, dass Belastung immer eine subjektiv-persönliche Dimension hat, die ebenso »trainiert« oder gestaltet werden kann wie Arbeitsplätze – anscheinend sogar leichter.

Außerdem scheint der viel beklagte Zeitdruck bzw. die Arbeitsverdichtung oft eine Chiffre zu sein, hinter der sich ein schlechtes Verhältnis zum Vorgesetzten verbirgt. So hat der Arbeitssoziologe Stephan Voswinkel herausgefunden, dass es mangelnde Wertschätzung durch Vorgesetzte und deren kommunikative Inkompetenz ist – also »weiche«, psychologische Faktoren –, die für Stress am Arbeitsplatz maßgeblich verantwortlich sind (ref. nach *Der Spiegel* 2013b, S. 91; ähnlich Ehrenberg 2010, S. 409 f.).

Weiter ist darauf hinzuweisen, dass Burn-out, wie jede Befindlich-keitsbeeinträchtigung oder Erkrankung, ein multifaktorielles Gesche-hen ist und mindestens ebenso sehr von der Persönlichkeitsstruktur abhängt wie von Umweltfaktoren. Bekannt ist, dass frühkindliche Erfahrungen mit den Beziehungspersonen die Fähigkeit zur Stress-regulation stark und nachhaltig beeinflussen und dass Persönlich-keitseigenschaften wie Perfektionismus, Ehrgeiz, Kontrollbedürf-nisse sowie Selbstwertdefizite für Überforderungsgefühle bei der Arbeit prädisponieren. Dies wird in der arbeitsbezogenen Burn-out-Forschung oft nicht hinreichend berücksichtigt.

Ebenfalls zu wenig berücksichtigt wird, dass durch die häufige Thematisierung von (arbeitsbedingtem) Stress als Gesundheits-gefährdung deren Eintrittswahrscheinlichkeit erhöht werden kann. Die Folgen von Stress sind nämlich *auch* davon abhängig, ob je-mand an dessen krank machende Wirkung *glaubt*. Untersucht man eine Gruppe von Personen, die angibt, im letzten Jahr viel Stress erlebt zu haben, und vergleicht sie mit einer Gruppe, die über keinen oder wenig Stress berichtet, so haben die Gestressten acht Jahre später ein erhöhtes Sterblichkeits- und Herzinfarktrisiko. So weit, so erwartbar. Interessant ist jedoch Folgendes: Unterteilt man die Gruppe der Gestressten in solche, die Stress für schädlich halten, und solche, die das nicht tun, so hatte die letztere Teilgruppe das *niedrigste* Sterberisiko von allen drei Teilgruppen, sogar ein geringe-res als die Nichtgestressten. Folgt man diesem Ergebnis, so ist es nicht (nur) der Stress, der krank macht, sondern (auch) die Überzeu-gung, er mache krank, die krankheitsförderlich wirkt. Die Diskus-sion über krank machenden Arbeitsstress könnte dann ungewollt, sofern sie Einstellungen wie »Stress macht krank« breitenwirksam fördert, zu Erhöhung der pathogenen Potenz von Stress beitragen. Man sollte den referierten Befund nicht überbewerten, denn er wurde im Rahmen einer Korrelationsstudie erhoben, die andere Einflüsse, welche für dieses Ergebnis verantwortlich sein könnten, nicht ausschließt. Man sollte ihn auch nicht dazu benutzen, schlechte Arbeitsbedingungen zu verharmlosen. Aber solche und weitere ähn-liche Befunde (s. Glomp 2015, McGonigal 2015, S. 68 f., 99 f., 103 f.) können zum Nachdenken darüber anregen, dass eine Überdosis gutgemeinter Motive gerade die (Neben-)Wirkung haben kann, die sie zu vermeiden trachtet. Dies lässt sich auch so zeigen: Seit Stress vermehrt als gesundheitsschädlich thematisiert wird, sinkt die Zahl derer, die ein gegebenes Stressniveau noch als aushaltbar bzw. ideal empfinden, und die Zahl derer steigt, die ein gegebenes Stressniveau als ungesund empfinden (McGonigal 2015, S. 15).

Die heiß gelaufene Burn-out-Diskussion illustriert eine andere Art der *self fulfilling prophecy*. Die Diagnose trägt durch publizistische Verbreitung zu ihrer eigenen Bestätigung bei. Je mehr darüber öffentlich diskutiert wird, desto mehr sind Ärzte und potentielle Patienten bereit, die diesbezüglich eher diffusen Symptome als Zeichen von Burn-out zu interpretieren, was zu einer Zunahme der Diagnosen und auf Dauer auch der Erkrankungen führen kann. Als Hinweis darauf können die Erfahrungen mit dem Schleudertrauma dienen. Es gibt Länder, in denen es recht großzügig als berentungsfähiges Leiden anerkannt ist, und entsprechend hoch sind die Berentungsziffern unter dieser Diagnose. In anderen Ländern ist die Berentungspraxis restriktiver und die Diagnoseziffer kleiner. Das heißt nicht, dass alle Schleudertraumatisierten Rentenneurotiker sind, sondern nur, dass dort, wo die Möglichkeiten der Berentung großzügiger sind, in der Öffentlichkeit, bei Ärzten und Patienten mehr darüber gesprochen wird, was zu einer gesteigerten wahrnehmungspsychologischen Sensibilisierung beiträgt. Diese geht wiederum einher mit einer erhöhten Wahrscheinlichkeit der Symptomfixierung, die schließlich in der entsprechenden Krankheit endet. Kurz: Wenn die Aufmerksamkeit bevorzugt in Begriffen von Erschöpfung um das eigene Befinden kreist, droht deren Verstärkung.

Einen Beleg dafür kann man aus dem Sachverhalt ableiten, dass die Arbeitsbelastung zwar zwischen Ende der 1990er Jahre und Mitte 2000 zugenommen hat, seither aber stagniert (Stressreport 2012). Dennoch stiegen die Burn-out-Diagnosen bis ins Jahr 2011 weiter. Die 12-Monatsprävalenz lag in der DEGS-Studie des Robert Koch-Instituts trotzdem erst bei 1,5 % (Kurth et al. 2012, S. 987). Ob die andernorts berichteten Diagnosesteigerungen auf eine reale Zunahme schließen lassen, kann man bezweifeln, und falls doch, so wären selbst hohe Steigerungsraten wegen der kleinen Ausgangsbasis wenig aussagekräftig. Wenn verschiedenen Krankenkassen-daten zufolge in den Jahren 2000 bis 2011 die Zahl der Burn-out-Diagnosen von 10 000 auf 120 000 gestiegen sind, so ist das eine Steigerung ums Zwölffache, bedeutet aber bei über 40 Millionen Arbeitsverhältnissen immer noch nur einen Anteil von gerade einmal 0,3 %. In anderen Worten: Auch nach einer Periode erheblicher Steigerungen haben etwa 99 % der Bevölkerung *keinen* Burn-out. Von einer »modernen Epidemie« (Voss/Weiss 2013, S. 29) kann angesichts dieser Zahlen kaum gesprochen werden, zumal, wie bei allen Konjunkturen, auf den Aufschwung der Abschwung folgt. So auch beim Burn-out. Nach einem Jahrzehnt des Anstiegs nahm er im Jahr 2012 erstmals geringfügig ab und ist im Jahr 2013 in einen geradezu atemberaubenden Sinkflug übergegangen. Der Rückgang der Fehltage allein in diesem Jahr betrug 33 %. Im Übrigen streuen die Häufigkeitsangaben gerade bei Burn-out enorm, zum einen wegen fehlender Diagnosespezifität (es gibt ca. 120 Symptome, die als indikativ für Burn-out betrachtet werden), zum anderen wegen fehlender verbindlicher Schwellenwerte, die es allererst erlauben würden, *noch* Gesunde von *schon* Kranken zu unterscheiden (wenn man Burn-out überhaupt als Krankheit verstehen will).

Auf alle Fälle zeigen die hier dargestellten Befunde, dass sich die Probleme von Zeitdruck, (steigender) psychomentaler Arbeitsbelastung und Burn-out nicht für eine Politisierung eignen, etwa nach dem Motto »Entfesselter Kapitalismus führt zu Burn-out«, für die sie immer wieder in Dienst genommen werden (s. a. Burisch 2010, S. 219) – und nicht erst seit heute.[3]

Burn-out bei Kindern?

Nachdem die Wochenzeitung DIE ZEIT nach jahrelanger Debatte ironisch gefragt hatte »Noch jemand ohne Burn-out?«, ließ die Reaktion nicht lange auf sich warten. Ein prominenter Kinder- und Jugendpsychiater meldete sich mit der Behauptung zu Wort, Burn-out sei mittlerweile bei den Kindern angekommen und *das* Problem unserer Zeit (Schulte-Markwort 2014, 2015). Den Beginn der Burn-out-Epidemie unter Kindern datiert er auf das Jahr 2010. Die Hauptursache dafür soll in den steigenden Leistungsansprüchen der Schule liegen.

Leider finden sich für diese Behauptungen in seinem Buch keine überzeugenden Belege. Die Häufigkeit von Burn-out bei Kindern wird in einem ZEIT-Interview (2014) auf 1,7 % *geschätzt*, im Buch (2015) auf 3 bis 5 %. Dies würde bedeuten, dass sie sich in einem Jahr verdoppelt bzw. verdreifacht hat. Vergeblich sucht man nach Studien, die solch freihändige Schätzungen stützen könnten. Genannt wird eine einzige Untersuchung aus dem Jahre 2010, die sich aber nicht mit Burn-out, sondern mit der Lebenszufriedenheit von Kindern befasst. Wenn man überhaupt aus vorliegenden Untersuchungen etwas über möglicherweise sich ausbreitenden Burn-out mit der Hauptursache »steigender Stress in der Schule« erfahren wollte, so müsste man zum einen Studien über die subjektive *Gesundheitszufriedenheit* von Kindern konsultieren (die mit Lebenszufriedenheit nur moderat korreliert), zum anderen Studien über Schulstress und Schulzufriedenheit (im internationalen Vergleich). Beide gibt es. Sie werden vom Autor nicht erwähnt. Ihre Ergebnisse passen nicht in das von ihm gezeichnete Bild einer deutschen Schülerschaft, die von unfähigen Lehrern traktiert und durch Leistungsanforderungen überfordert mit Burn-out in die Knie geht. Feststellen lässt sich vielmehr Folgendes:

Erstens: Was die *Lebenszufriedenheit* von 11 bis 15-jährigen Kindern angeht, so konstatiert der einschlägige UNICEF-Report (2013, S. 3): »Im Ganzen gesehen ist die Geschichte des ersten Jahrzehnts des 21. Jahrhunderts eine von weitreichenden Verbesserungen in den meisten, wenn auch nicht allen Bereichen kindlichen Wohlbefindens« (weitere Daten dazu für Deutschland bei Dornes 2012, S. 95 ff.).

Zweitens: Was die *allgemeine Gesundheitszufriedenheit* als Teilbereich der Lebenszufriedenheit angeht, so liegt Deutschland im internationalen Vergleich auf Platz 5 von 29 Ländern.

Drittens: Was die *gesundheitsbezogene Lebensqualität* angeht (die ein aggregiertes Maß aus psychischer und physischer Gesundheitszufriedenheit ist), so schätzen in Deutschland derzeit 94 % der

6–10-Jährigen (laut Elternbefragung) und 96 % der 11–17-Jährigen (laut Selbstauskünften) sie als gut oder sehr gut ein. Dieser Wert liegt *über* den vergleichbaren Werten der 2000er Jahre, zeigt also eine Zunahme des Wohlbefindens an (Ellert & KiGGS Study Group 2014). Er macht auch die Schätzung von 3 bis 5 % an Burn-out leidenden Kindern unplausibel, da ansonsten nahezu alle Kinder, die ihre gesundheitsbezogene Lebensqualität als gering einschätzen, an Burn-out leiden müssten, was nicht der Fall ist. Vielmehr leiden die Unzufriedenen an *chronischen* körperlichen und/oder psychischen Erkrankungen (ebd.).

Viertens: Was die Zufriedenheit mit der *psychischen Gesundheit* betrifft, so ist Deutschland im internationalen Vergleich das zweitbeste aller untersuchten Länder (hinter Slowenien).

Fünftens: Diese Zufriedenheit wird auch anhand von Fragen nach der Häufigkeit funktioneller Symptome wie Kopfschmerzen, Rückenschmerzen, Nervosität, Schlafstörungen erhoben (die alle Symptome von Burn-out sein können). Die Untersuchung ergab, dass häufige Symptomnennungen völlig normal sind und kein Anzeichen von beeinträchtigter Gesundheit. Zwei oder mehr Symptome, die mehr als zweimal die Woche auftreten, werden selbst im besten Land (Slowenien) von 17 % aller Kinder berichtet, im zweitbesten (Deutschland) von 21 %. »Neoliberale« Länder wie Kanada oder Großbritannien weisen ähnliche Werte auf wie Schweden (ca. 30 %).

Sechstens: Der UNICEF-Report enthält in einer Begleitpublikation (Bradshaw et al. 2013) auch Daten zur vergleichsweise *hohen Schulzufriedenheit* deutscher Schüler. Deutschland liegt in diesem Bereich im ersten Viertel aller Länder (Platz 7 von 29).

Siebtens: Untersuchungen zum *Schulstress* ergaben, dass das deutsche Schulsystem keinen übermäßigen Stress auf Kinder ausübt. Deutschland liegt diesbezüglich im internationalen Vergleich im Mittelfeld (Seiffge-Krenke 2008; weitere nationale Daten zu Leistungsdruck und Schulzufriedenheit bei Dornes 2012, S. 78 ff.).

Achtens: Auch die fünf prototypischen klinischen Beispielfälle von Schulte-Markwort sind nicht belegkräftig. In mindestens drei davon ist die Überforderung nicht auf zu hohe Anforderungen zurückzuführen, sondern auf Störungen der Leistungserbringung. Ein Kind leidet an einer Angstneurose, ein zweites an Minderbegabung (IQ 85), ein drittes an einer Teilleistungsstörung (2015, S. 41 f., 45, 49, 55, 66). Ähnlich verhält es sich bei anderen vom Autor beschriebenen Fällen (ebd., S. 137 f., 141 f., 225 f.). In einem ist eine Jugendliche durch die komplizierte Trennung ihrer Eltern erschöpft. All diese Fälle belegen, dass es zwar Leistungsüberforderungen gibt, diese aber *die Folge* anderer Beeinträchtigungen sind und nicht indikativ für ein generell zu hohes Anforderungsniveau.

Neuntens: Durch die bisher dargestellten Befunde wird die Hauptthese des Autors fragwürdig, es seien die zunehmenden Leistungsan- bzw. -überforderungen in (deutschen) Schulen, die Burn-out bei Kindern verursachen. Noch fragwürdiger wird diese These durch folgende Beobachtung des Autors. Ein Mädchen kehrt von einem englischen Ganztagsinternat zurück. Sie berichtet, dort seien die Anforderungen wesentlich höher als hierzulande. Das mache aber nichts aus, weil die Lehrer es verstünden, die Schüler für den Stoff zu interessieren. Daraus kann man schließen, dass Burn-out nicht auf zu hohe Leistungsanforderungen zurückzuführen ist, sondern auf die Art der Anforderungsvermittlung. Schulte-Markwort zieht diesen Schluss (der im Widerspruch zu seiner Grundthese der sich allgemein ausbreitenden Leistungsüberforderung steht) und muss deshalb im nächsten Schritt deutsche Lehrer der dilettantischen Anforderungsvermittlung bezichtigen, die für die Überforderung verantwortlich sein soll. Man wundert sich, mit welcher Nonchalance hier ein ganzer Berufsstand schlechtgeredet wird, und zwar auf der Basis rein anekdotischer Alltagsevidenzen (»die Berichte meiner Kinder über Lehrer sind niederschmetternd«; S. 233).

Zehntens: Wo Erziehungskritik, Schulkritik und Leistungskritik geübt wird, darf Gesellschaftskritik nicht fehlen. Sie fällt so pauschal aus, dass sie ebenfalls nicht überzeugen kann. Als Ursachen von Burn-out werden angeführt: die Kitas, die Medien, die Familie, die Schule, die zersplitterte Welt, die Kriege, der Hass in der Welt, die Staatsschulden und die Durchökonomisierung aller Lebensbereiche – all das laste auf den Seelen der Kinder und führe zu Zukunftsangst und Burn-out. Trotz oder wegen dieser Durchökonomisierung leben wir aber in einem Sozialstaat, der, wie der Autor einräumt, es gerade, was die Versorgung psychisch kranker oder beeinträchtigter Kinder angeht, geschafft hat, in den letzten 15 Jahren die Zahl der Psychotherapeuten zu verdoppeln und die der Logo-, Ergo- und Physiotherapeuten zu verdreifachen. Das wird einerseits anerkannt, andererseits als zu wenig betrachtet, weil die Not so groß sei, dass es überall Wartezeiten gäbe.

Elftens: Wenn als Ergebnis der Verdoppelung und Verdreifachung der einschlägigen Therapeuten die Not immer noch groß ist, sollte man sich fragen, ob hier nicht *auch* ein Problem der angebotsinduzierten Nachfrage vorliegt, was ich aus meiner eigenen Erfahrung der siebenjährigen Arbeit in einer Eltern-Säuglings-Ambulanz bestätigen kann. Ist eine solche Ambulanz erst einmal da, so wird sie frequentiert, und je mehr Ambulanzen da sind, desto mehr werden frequentiert. Auch die (geschätzte) Verfünfzigfachung der einschlägigen Ambulanzen und Beratungsstellen in den letzten 20 Jahren hat dieses Problem nicht verringert. Warum nicht? Weil es immer Säuglinge gibt, die Schlaf-, Schrei- oder Fütterprobleme haben. Zu deren Bewältigung wird heute Hilfe in Anspruch genommen, wohingegen sie früher entweder nicht als Problem gesehen wurden (von der Generation meiner Eltern) oder als Problem alleine bewältigt werden mussten (von meiner Generation). Beides ist nicht besser, sondern schlechter als die Inanspruchnahme von Hilfe. Deshalb plädiere auch ich *für* den Auf- und Ausbau von Eltern-Säuglings-Ambulanzen – allerdings nicht in Form einer Gesellschaftsanklage, die behauptet, die Säuglinge würden immer öfter schreien, das Problem werde immer drückender, der Ausbau erfolge wegen Durchökonomisierung der Gesellschaft nicht schnell genug oder die in der Ambulanz behandelten Probleme seien auf das gnadenlose Leistungprinzip heutiger Gesellschaften zurückzuführen.

Mein Resümee lautet: Weder die epidemiologischen noch die klinischen, noch die sozialkritischen Ausführungen des Autors können einen Anstieg von Burn-out bei Kindern belegen. Die oben referierten Befunde zur Gesundheitszufriedenheit, Schulzufriedenheit und zum Schulstress weisen eher auf eine im internationalen Vergleich überdurchschnittliche Gesundheitszufriedenheit und durchschnittlichen Stress deutscher Schulkinder hin. Auch ein systematischer Vergleich der Häufigkeit anderer Symptome, die man als indikativ für Stress oder Vorformen von Burn-out betrachten kann (z. B. gehäuftes Zähneknirschen, Übelkeit, Kopfschmerzen, Einschlafstörungen), mit Befunden aus einer Studie an Hamburger Schulkindern aus dem Jahr 1958 (von Harnack 1958) ergibt bei keinem der genannten Symptome eine Zunahme. Sogar im Zeitvergleich über eine Spanne von beinahe 60 Jahren *innerhalb* Deutschlands kann man also keine Zunahme stressbedingter Symptome finden, sondern eher eine Abnahme.

Diesen Sachverhalt thematisiert auch die Studie der Bepanthen-Kinderförderung nicht, sondern versieht ihre Stress-Studie (2015) mit dem Untertitel »Burn-Out im Kinderzimmer«. Der zentrale Befund ist, dass 17 bis 19 % der Kinder und Jugendlichen in Deutschland unter hohem Stress stehen. Als indikativ dafür werden die subjektive Selbsteinschätzung und die angeblich hohe Zahl von funktionellen Symptomen wie Kopfschmerzen, Bauchschmerzen, Einschlafproblemen etc. betrachtet. Sie sollen, so der Studienleiter Holger Ziegler in einer Presseverlautbarung, »klassische Burn-out-Symptome« sein (in: Die Welt v. 26. 6. 2015, S. 20).

Das sind sie nicht. Sie sind allenfalls unspezifische Symptome von Burn-out neben hundert anderen. Wenn man überhaupt klassische (gemeint sind wohl typische) Symptome von Burn-out nennen will, dann kämen am ehesten die der sogenannten Maslach-Triade in Frage. Sie ist von der amerikanischen Psychologin Christina Maslach an berufstätigen Erwachsenen erhoben und für diese spezifiziert worden. Schon aus diesem Grund eignet sie sich kaum für die Anwendung auf Kinder. Die Triade besteht aus emotionaler Erschöpfung, Depersonalisation und reduzierter Leistungsfähigkeit mit Begleitsymptomen wie Frustration, Arbeitsdemotivation sowie Zynismus gegenüber der Arbeit und den Kollegen. Der dritte Symptomkomplex fehlt bei Kindern naturgemäß völlig.

Zweitens: Die Häufigkeit funktioneller Symptome, die in der Bepanthen-Kinderstudie als indikativ für Stress oder Burn-out genannt werden, ist, wie die Ausführungen zu Schulte-Marktwort deutlich gemacht haben, weder im internationalen Vergleich noch im historischen Rückblick besorgniserregend. Auch die in der Bepanthen-Studie genannten anderen deutschen Vergleichsuntersuchungen mit ähnlicher (Stress-)Thematik, die sich auf die letzten 15 Jahre beschränken, belegen keine Zunahme.

Drittens: Als Ursache von Kinderstress wird mangelnde Freizeit bzw. übermäßige Verplanung derselben durch Eltern behauptet, außerdem noch Leistungs- und Erwartungsdruck von Eltern und Schule. Andere Studien zu diesem Thema (ref. in Dornes 2012, S. 78 ff.) ergeben, dass schon seit Jahrzehnten extremer Leistungsdruck in der Schule konstatiert wird und immer wieder dieselben Zahlen von durch Schule und Freizeit gestressten Kindern genannt werden (nämlich 15 bis 20 %). Weitere, meist nicht genannte Untersuchungen zeigen, dass sich die weit überwiegende Mehrzahl der Kinder und Jugendlichen (in der Regel > 80 %) sowohl in ihren schulischen Aktivitäten als auch in ihrem Freizeitverhalten von ihren Eltern *unterstützt*, nicht unter Druck gesetzt fühlt (ebd.).

Viertens: Im Übrigen ist der Topos des »gehetzten Kindes« (Elkind 1981) – sei es durch Schule, übermäßige (Früh-)Förderung oder verplante Freizeitaktivitäten – mittlerweile in die Jahre gekommen. Die vor 35 Jahren mit anekdotischen Beobachtungen unterlegte These, dass Kinder immer früher immer schneller und damit altersunangemessen aufwachsen – als Beleg dienten Impressionen wie »college starts at two«, weil manche Kinder schon mit zwei Jahren Fremdsprachen lernten –, wird bis auf den heutigen Tag meist unhinterfragt repetiert. Systematische Überprüfungen dieser These ergeben regelmäßig, dass dies schon damals ein Minderheitenphänomen war und bis auf den heutigen Tag geblieben ist. Insgesamt gilt: »Unseren Kindern, egal aus welchen Elternhäusern, wird heute in Kindergärten so achtungsvoll begegnet wie in Deutschland in keiner Generation zuvor« (Elschenbroich 2015). Und was die Freizeitaktivitäten angeht, so ist mittlerweile bekannt, dass sie einer der besten Wege sind, um Kinder zu bilden. Bildungsrückstände von Unterschichtkindern sind in erheblichem Umfang auf einen *Mangel* an einschlägigen Aktivitäten wie Schwimmen, Tanzen, Malen und Musizieren zurückzuführen, nicht auf ein Übermaß. Entsprechend ergeben diesbezügliche (amerikanische) Untersuchungen, dass der

Leistungsunterschied zwischen Unter- und Mittelschichtkindern am Ende der Ferien am größten ist, nicht etwa während der Schulzeit, was mit der schichtspezifisch erhöhten Nutzung der erwähnten Freizeitaktivitäten in den Ferien erklärt wird. Diese wirken sich nicht nur positiv auf die Leistung, sondern auch auf die psychosozialen Kompetenzen (*soft skills*) aus. Zwar ist richtig, dass Gras nicht schneller wächst, wenn man daran zieht (Remo Largo), aber es wächst besser, wenn man es regelmäßig düngt. Eine Aufgabe für die Zukunft ist es deshalb, zwischen überflüssigem Ziehen und förderlichem Düngen eine Balance zu finden bzw. zu halten (was bisher recht gut gelingt), anstatt solche Aktivitäten, wie derzeit en vogue, unter den Verdacht übermäßig stresssteigernder Druckausübung bildungspanisch gewordener Mittelschichteltern zu stellen.

Zur Unterkomplexität gesellschaftskritischer Krankheitstheorien

Depression als Stresskrankheit?

Simple Krankheitstheorien wie »Stress am Arbeitsplatz macht depressiv« sind unterkomplex. Matakas/Rohrbach (2005, S. 895 ff.) weisen in einem lesenswerten Aufsatz aus klinischer Perspektive auf das Thema Depression als Abwehr hin. Sie finden die psychoanalytische Idee, Depression sei die Reaktion auf einen Verlust, ergänzungsbedürftig; ebenso die, es handle sich vorwiegend um eine Abwehr der Aggression gegen das Objekt. Sie stellen die Depression als Abwehr eines (Beziehungs-)Konflikts in den Vordergrund. Eine Frau wird beispielsweise depressiv, weil sie sich von ihrem Mann verachtet fühlt, aber sich das nicht eingestehen will. Die Depression deckt hier einen Konflikt zu, ist also eine Abwehr, was für die meisten mittelschweren Depressionen in der psychotherapeutischen Praxis der Fall sein soll. Dort tauchen nicht Patienten mit Verlusten, sondern Patienten mit abgewehrten Paarkonflikten auf. Jemand verliebt sich und wird depressiv, weil er sich vor Beziehungen fürchtet. Auch hier ist kein Verlust, sondern ein abgewehrter Konflikt der Auslöser.

Liest man solche Darstellungen, so wird einem die sozialwissenschaftliche Lesart von Depressionen als Reaktionen auf Leistungsüberforderung oder Vereinzelung oder normative Verunsicherung oder Beschleunigung oder Familienveränderung oder Arbeitsplatzunsicherheit suspekt und man gewinnt den Eindruck, dass solche Diskussionen mindestens ebenso viel zu- wie aufdecken. Sie decken die nach wie vor bestehende Konflikthaftigkeit des Seelenlebens zu und verabschieden sie zugunsten einer einfachen Überanstrengungstheorie, die Freud (1908) schon für die Neurasthenie abgelehnt hatte. So zeigen Matakas/Rohrbach (2005, S. 904), dass der häufigste Auslöser einer Depression der Verlust einer bisherigen Form der Unterstützung durch den Partner ist. Dieser wird erlebt wie der Verlust einer Ichfunktion. Man kann etwas plötzlich nicht mehr, was man vorher konnte. Angegeben wird als Auslöser von Depressionen meist Arbeitsüberlastung. Die klinische Erfahrung zeige indes, dass die Probleme mit der Leistungserbringung erst anfangen, wenn in der Paarbeziehung eine Veränderung eingetreten ist, die als Unterstützungsentzug und Schwächung erlebt wird *und dadurch* die Leistungserbringung erschwert (ebd., S. 907, 913).[4]

Für die beschriebenen Feinheiten in der Verursachung bzw. Auslösung von Depressionen hat die Öffentlichkeit kein Ohr. Das ist verständlich. Verwunderlich ist nur, dass auch manche Psychoanalytiker und Psychotherapeuten den einfachen Überlastungstheorien zustimmen, obwohl sie a) aufgrund ihrer klinischen Erfahrung wissen (müssten), dass die Komplexität von Krankheitsentstehung und Symptombildung so nur unzureichend erfasst werden kann, und b) obwohl damit der Kern ihres Theorieparadigmas, der intrapsychische Konflikt als Krankheitsursache, liquidiert wird. Das Verschwinden des Konflikts ist aber eher ein Verschwinden aus dem Diskurs als ein Verschwinden aus der Seele. Dieses Verschwinden aus dem Diskurs hat mehr mit dem Niedergang der Psychoanalyse in der öffentlichen Wahrnehmung zu tun als mit dem Niedergang des Konflikts in der Psyche. Dies wird, wie Will (2005, S. 1016) anmerkt, auch von Ehrenberg (1998) zu wenig berücksichtigt, wenn er

Depressions*diskurse* in Publikumszeitschriften wie Elle, Marie-Claire und L'Express nachzeichnet und *aus ihnen* ein Verschwinden des intrapsychischen Konflikts ableitet.

Depression als Attributionsfehler im neoliberalen Wertesystem?

Ohne einen solchen Konflikt kommt die kognitive Verhaltenstherapeutin Elisabeth Summer aus, was mit den unterschiedlichen Auffassungen über die Psychogenese der Depression in Psychoanalyse und Verhaltenstherapie zusammenhängt. Darüber soll hier nicht befunden werden. Interessant ist im vorstehenden Kontext, dass sie auch ohne eine »soziologistische« Überlastungstheorie auskommt. Ihre eigene, in Auseinandersetzung mit Ehrenberg (1998) entwickelte Theorie der Depressionszunahme geht so:

Erstens: Depression ist das Ergebnis eines individuellen Attributionsfehlers. Das Individuum schreibt sich fälschlich die Verantwortung für ein Versagen, einen Verlust o. Ä. zu, die es aber nicht hat. Nicht jeder begeht diesen Irrtum, weshalb auch nicht jeder bei solchen Ereignissen depressiv wird. Die unterschiedliche Disposition für diese Neigung bleibt im Dunkeln, weil die Kindheitsgeschichte ausgeblendet wird (s. dazu die nächste Anmerkung). Wo der Attributionsirrtum begangen wird, sollte er therapeutisch durch Umarbeitung der depressiven Kognitionen korrigiert werden. Da das Individuum den Attributionsirrtum begeht, der die Ursache der Depression ist, ist es *nicht* die Gesellschaft, die depressiv macht.

Zweitens: Allerdings legt ein gesellschaftliches (»neoliberales«) Normensystem, das Werte oder Normen wie Selbstverantwortung betont, diesen Attributionsirrtum zumindest nahe oder begünstigt ihn, und insofern ist es doch auch wieder die Gesellschaft, die depressiv macht, weil und wenn ihr Normensystem individuelle depressionsverursachende Attributionsirrtümer fördert.

Drittens: Berücksichtigt man allerdings, dass Depressionen in »neoliberalen« Gesellschaften wie den Vereinigten Staaten oder Australien nicht häufiger sind als in »Sozialstaatsparadiesen« wie Dänemark oder Norwegen, und weiter, dass sie in beiden Ländergruppen (neoliberal versus sozialstaatlich) den obigen epidemiologischen Befunden zufolge seit 1975 *überhaupt nicht* zugenommen haben, so kann man daraus ableiten, dass entweder das Normensystem nicht »neoliberaler« geworden ist oder dass eine solche Veränderung, aus welchen Gründen auch immer, keinen Einfluss auf die Depressionshäufigkeit hat.[5]

Irrungen und Wirrungen der Leistungssteigerungskritik

Manchen Theoretikern sind empirische Befunde über Arbeitszufriedenheit, gute bzw. schlechte Arbeitsbedingungen oder die individuellen psychischen Ursachen von Krankheiten egal. Der Philosoph Byung-Chul Han etwa (2010, 2011) vertritt empiriefrei die steile These, dass wir mittlerweile nicht mehr, wie Adorno noch konstatierte, in einem Freiluftgefängnis leben, sondern in einem Freiluftkonzentrationslager. Wir seien Insassen und Wärter zugleich. Früher, in der »Disziplinargesellschaft«, seien die Menschen nämlich zu (überzogenen) Leistungen gezwungen worden; heute, in der »totalen Leistungsgesellschaft«, würden sie diese freiwillig erbringen. Hier wird unterstellt, Leistung werde heute auf dem Weg einer Identifizierung mit dem Aggressor erbracht, wobei der Aggressor aber nicht mehr als solcher in Erscheinung tritt, sondern als »Verführer« auftritt und die Individuen deshalb Leistungsansprüche, die sie früher als Zwang empfanden, nun unbefragt und bruchlos als Selbstzwang verinnerlichen, weil sie sich nun mit dem Verführer identifizieren. Während uns vormals der autoritäre Chef unter Murren und Protest nötigte, nötigen wir uns heute protestlos selbst und brennen dabei aus. Für Han drückt sich darin ein Versagen des psychischen Immun- oder Abwehrsystems aus. Die Folge davon ist – wie bei körperlichen Autoimmunerkrankungen, in denen sich das Immunsystem nicht gegen äußere Eindringlinge wendet, sondern gegen körpereigene Vorgänge und Stoffe – ein autoaggressiver Prozess, in dem die Psyche sich selbst angreift und verdaut.

Diese Verinnerlichungstheorie teilt alle Schwächen von Talcott Parsons' »oversocialized conception of man« (Wrong 1961). Dessen

Theorie ging fälschlich davon aus, dass in der frühen Sozialisation die asozialen Triebdispositionen des kleinen Kindes durch drohenden mütterlichen Liebesentzug so stark und zugleich so unmerklich überformt werden, dass es zu einem vorreflexiven Konformismus kommt und das Kind gar nicht mehr spürt, dass es etwas außerhalb seiner selbst übernommen hat. Parsons stellte sich also den Prozess frühkindlicher Verinnerlichung mütterlicher Gehorsamsforderungen nicht nach dem Modell der Über-Ich-Bildung vor, in dem die *väterlichen Strafandrohungen* verinnerlicht werden, dann im Über-Ich ihren Sitz haben, sich in der Seele aber durchaus unangenehm und als fremde Stimme oder intrapsychischer Konflikt bemerkbar machen. Vielmehr folgen *präödipale* Verinnerlichungen dem Modell einer ohne Strafe durch stillen Liebesentzug operierenden Konditionierung, die das sich bildende Ich schon im Prozess seiner Genese so überformt, dass es von diesem Überformungsprozess gar nichts mehr spürt. So entsteht auch kein Konflikt mehr zwischen den ursprünglichen (Trieb-)Strebungen des Kindes und den von der Mutter übernommenen Einstellungen dazu. Schon das Kleinkind will, was die Mutter will. Und ähnlich will bei Han der Angestellte, was der Chef will, weil er zum Konformismus nicht mehr gezwungen wird (wie das Kind vom Vater durch Strafandrohung), sondern »verführt« (wie das Kind von der Mutter durch Liebesentzug oder heute, wo auch diese Erziehungstechnik außer Kurs ist, durch kommunikative Beeinflussung).

Die bruchlose Verinnerlichung, die keine Spuren in der Seele in Form unassimilierter Introjekte hinterlässt, gibt es jedoch nicht. Das ist eine unpsychoanalytische, behavioristische Vorstellung vom Menschen als einem vollständig zu konditionierenden Wesen. Hier bleibt schon auf der theoretischen Ebene unberücksichtigt, dass Menschen sich dem, was an sie herangetragen wird – sei es durch Zwang, Konditionierung, Verführung oder Überredung –, auch entziehen können bzw. es immer in ihrer Phantasie bearbeiten. *Jede* Verinnerlichung ist eine solche Kompromissbildung, und die Differenz zwischen Angesonnenem und dem, was man daraus macht, kann durch keine Strafe, Konditionierung oder Verführung eingeebnet werden – auch nicht durch die zeitgenössische Form der demokratischen »Überredung«, die man als *die* Form spätmodernen »Regierens und Regulierens« betrachten kann. Dieser Sachverhalt geht in Hans Modell verloren, ist aber in modernen Verinnerlichungstheorien gut ausgearbeitet (s. Fonagy et al. 2002; Dornes 2006, Kap. 4). Die Auffassung etwa, das Subjekt würde an es herangetragene Aufforderungen zu Initiative und Flexibilität so bruchlos verinnerlichen, dass es gar nicht mehr bemerkt, dass es damit nur betriebliche Imperative übernimmt, die der Kontrolle und Ausbeutung seiner Subjektivität dienen, leidet an einer systematischen Unterschätzung dessen, was Subjekte mit dem machen, was ihnen in welcher Form auch immer angesonnen wird. Sie ist sozialisationstheoretisch und empirisch falsch. So wenig wie das durch den Taylorismus perfektionierte Fließband zu Arbeitsrobotern geführt hat oder zu Menschen, die eine überwiegend instrumentelle Einstellung zu sich selbst haben, so wenig führen moderne Methoden der Arbeitsorganisation und Personalführung zur bruchlosen Internalisierung einer kalkulatorischen Einstellung zu sich selbst. Eine »Verbetrieblichung der alltäglichen Lebensführung«, wie sie von den Arbeitssoziologen Voß/Pongratz (1998) beschrieben wird, ist eher eine theoretische Fiktion als eine lebensweltliche Realität.

Man sollte auch Hans bloße Analogien zwischen körperlichen und psychischen Vorgängen, die zu extravaganten Ideen wie der einer sich selbst verdauenden Psyche führen, nicht zu viel Gewicht beimessen. Über die multiplen Ursachen der vielen körperlichen Autoimmunerkrankungen ist bis heute nichts Definitives bekannt. Dass es sich dabei um den Normalzustand *der Psyche* in der angeblich totalen Leistungsgesellschaft handelt, ist die Schreibtischphantasie eines Philosophen. Man kann sie noch geduldig zur Kenntnis nehmen. Bei der Behauptung von der Gesellschaft als Freiluftkonzentrationslager hat die Geduld allerdings ein Ende, weil damit die wirklichen Häftlinge dieser Lager im Nachhinein noch einmal verhöhnt werden.

Solche Entgleisungen sind leider keine Einzelerscheinungen. Schon vor geraumer Zeit sprach die feministische Theologin Sölle vom Neoliberalismus als der dritten Diktatur neben Kommunismus und Nationalsozialismus, und der linkskeynesianische Ökonom

Schui fragte: »Wollt ihr den totalen Markt?« (zit. nach Willke 2003, S. 184 f.). In der linken französischen Sozialkritik ist es nicht ungewöhnlich, dass »Begriffe wie ›Industrieunternehmen‹ und ›Nazikonzentrationslager‹ angeglichen, um nicht zu sagen miteinander verwechselt werden« und »ein Unternehmen bereitwillig zu einem Konzentrationslager und die kapitalistische Ausbeutung zur Vernichtungspolitik erklärt (wird)« (Trom 2010, S. 69). Und auch hierzulande kann man lesen, dass Verbesserungen der Arbeitsbedingungen und des Arbeitsklimas wie betriebseigene Fitnessstudios, Kinderbetreuungsplätze, Firmenfeste und Teambildungsübungen faule Tricks seien, die nur »Leben in die Todeszone der Arbeit« injizieren sollen (Cederström/Fleming, zit. nach Becker 2013, S. 12). Angesichts solcher Tollheiten fragt man sich dann doch, ob Intellektuelle, die sich mit oder ohne Agamben in den politischen Wahn hineinhalluzinieren, die (Arbeits-)Welt sei ein Lager, noch ernst genommen werden können.

In seinen gemäßigten Varianten erfreut sich der Topos von der »Verinnerlichung der Bossfunktion« großer Beliebtheit, wahrscheinlich auch deshalb, weil er weitgehend ohne Empirie auskommt und dadurch universell einsetzbar wird. Wer Burn-out hat und nicht revoltiert, ist Opfer unbewusster neoliberaler Selbstoptimierung, und wer keinen hat oder gar zufrieden ist, bemerkt in fröhlicher Verblendung wegen Identifikation mit dem Verführer seine freiwillige Selbstausbeutung nicht. Befunde zur durchaus vorhandenen Distanzierung von Arbeit und Betrieb sowie zur kritischen Bewertung von Arbeitsanforderungen werden in dieser »Theorie« souverän ignoriert.

Nun gibt es sicherlich Fälle von Überidentifikation mit der Arbeit, die zu Burn-out oder Depression führen können, wenn die hohen selbstgesteckten Ziele nicht erreicht werden; und es gibt auch Fälle von Verstrickung, in denen die größeren, oft als Entgrenzung beschriebenen Freiheiten der Arbeitsgestaltung zu Selbstüberanstrengung »verführen«. Sie sind des Psychotherapeuten täglich Brot. Dass sie oft wenig mit überfordernden Arbeitsbedingungen zu tun haben, aber viel mit aus der Primärsozialisation stammenden narzisstischen Konflikten, und man sich auch abgrenzen lernen kann, können Philosophen und Soziologen von den Psychologen lernen, wenn sie es denn wollen. Schwierigkeiten mit der Abgrenzung müssen indes keineswegs immer oder überwiegend pathologisch sein. Wo Grenzen durchlässiger werden, muss die Grenzziehungsfähigkeit gestärkt werden. Das geschieht beispielsweise im *coaching*. Es ist keine Behandlung pathologischer Konflikte, aber auch keine Psychologisierung sozialer Probleme, sondern die angemessene Reaktion auf die durchlässiger gewordene Grenze zwischen Arbeit und Privatleben, die vormals traditionell bzw. institutionell gefestigter war und deshalb geringerer persönlicher Bemühungen zur Aufrechterhaltung bedurfte. Diese Art der Befähigung schließt nicht aus, Abgrenzung auch durch betriebliche Vereinbarungen zu erleichtern.

Die personalisierte Lösung vormals stärker institutionell oder traditionell geregelter Probleme stellt erhöhte Anforderungen an die Selbststeuerungsfähigkeit der Individuen und bringt deshalb erhöhte Misserfolgsgefahren mit sich. Dieses Thema kann an dieser Stelle nicht weiterverfolgt werden (s. dazu Kapitel 4). Hier geht es um das grundsätzlichere Problem, nämlich die These von den zunehmenden psychischen Krankheiten, insbesondere Depressionen, unabhängig von ihren möglichen Ursachen. Sie wird von Teilen einer sich als kritisch verstehenden Soziologie mit einer unkritischen Monotonie wiederholt, die staunen macht. Die meist einzige Belegquelle, nämlich das Buch von Ehrenberg (1998), wird exzessiv in Anspruch genommen, kann aber bei Lichte besehen die ihm aufgebürdete Beweislast nicht tragen. Es ist nämlich, bei allen Stärken, die es auch hat, wegen eines völlig unspezifischen, überinklusiven Depressionsbegriffs, der eine Vielzahl von Störungen und diffusen Leiden unter diesem Begriff subsumiert (vom wiederholten Misserfolg über Isolationsverhalten und Gewalttätigkeit bis zum Alkoholmissbrauch), epidemiologisch wenig aussagekräftig.[6]

Zu Ehrenberg, der oft zu Unrecht als Kapitalismuskritiker verstanden wird, noch eine klärende Bemerkung. Manche Kommentatoren und Rezensenten seines Buches von 1998 haben darauf hingewiesen, er behaupte nicht, dass die Depression als festumrissenes Krankheitsbild zugenommen habe, sondern dass sich die Definition und Praxis der Diagnosestellung unter dem Einfluss gesellschaftlicher Wandlungen verändert habe. Wäre das richtig, dann würde er in der oben verwendeten Terminologie keine epidemiologische Aussage über Realprävalenzen machen, sondern nur eine Erklärung für steigende Diagnoseprävalenzen liefern. So eindeutig ist er leider nicht, sondern häufig werden beide Aussageebenen vermischt. Eindeutig ist er allerdings darin, dass er nicht glaubt, soziale Veränderungen würden (direkt) zu mehr Psychopathologien führen (s. Ehrenberg 2008, 2015). Sie führen vielmehr dazu, dass neue Anforderungen (Verantwortung, Aktivität) an die Stelle von alten (Passivität, Unterordnung) treten. Wenn Unterordnung nicht mehr benötigt wird, verschwindet die Forderung nach Gehorsam, und wenn an ihre Stelle mehr Freiheit tritt, taucht die Forderung bzw. schlicht die Notwendigkeit nach mehr Aktivität und Gestaltung derselben auf, weil die fehlenden oder zurückgehenden Vorschriften (durch Tradition oder von außen) durch mehr Selbstvorschriften bzw. Selbststeuerung (von innen) ersetzt werden müssen. Das ist kein Mangel, der dem Neoliberalismus anzulasten wäre, sondern unausweichlich so (s. dazu kurz und prägnant Ehrenberg 2008, ausführlicher Klages 2002); und deshalb ist Befähigung und Aktivierung der Individuen die dieser Konstellation angemessene soziale Interventionspraxis und keine kritikwürdige neoliberale Verantwortlichmachung (s. dazu auch die Ausführungen in Kapitel 4).

Im Hinblick auf eine Gesellschaftskritik, die sich auf zunehmende psychische Erkrankungen als Begründung stützt, kann man das bisher Gesagte dahingehend zusammenfassen, dass es bestenfalls einige schwache Hinweise für eine Zunahme gibt, aber viele starke Hinweise für eine Nichtzunahme. Und selbst die Fälle von Zunahme müssen nicht gesellschaftskritisch ausgedeutet, sondern könnten nüchtern als *temporäre* Anpassungs- oder Gleichgewichtsstörungen verstanden werden, die jeden raschen sozialen Wandel begleiten. Für einige kritische Soziologen und Philosophen wäre deshalb eine kritischere Einstellung wünschenswert – aber nicht zur Gesellschaft, sondern zu den eigenen Überzeugungen.

Bezeugt steigender Medikamentengebrauch neoliberale Fehlentwicklungen?

Im ersten Kapitel wurden epidemiologische Studien dargestellt, die zeigten, dass psychische Krankheiten nicht zugenommen haben. Außerdem wurden Daten zum Alkoholkonsum, zum Suizid und zur Lebenszufriedenheit erwähnt, die als weitere Indikatoren für den psychischen Gesundheitszustand der Bevölkerung betrachtet werden können und ebenfalls keine Indizien für eine Verschlechterung ergaben, sondern eher das Gegenteil.

Gelegentlich wird die Aussagekraft epidemiologischer Studien bezweifelt. Schleim (2015) etwa meint, die Befunde zur Konstanz von Depression seien deshalb nicht aussagefähig, weil es verschiedene Arten von Depressionen gäbe. Ähnliche Bedenken werden von Brede (2015) und Egloff (2015) vorgebracht. Ich habe mich andernorts damit ausführlicher auseinandergesetzt (Dornes 2015b) und stelle hier nur fest, dass es sich dabei um eine bloße Behauptung handelt. Schon das flüchtige Durchblättern der beiden führenden Diagnosemanuale (DSM und ICD) lässt den Einwand, hier würde der Vielfalt depressiver Erkrankungen nicht hinreichend Rechnung getragen, abwegig erscheinen.[7]

Schleim geht indes noch weiter und möchte psychische Diagnosen völlig subjektivieren nach dem Motto: Depressiv ist, wer die Diagnose Depression erhält. Die Begründung für dieses Verfahren lautet, dass nur so die subjektive Leidensdimension der Depression erfasst werde. Wieso das? Es wurde schon oben erwähnt, dass die Fähigkeit von Hausärzten, das Vorliegen einer seelischen Krankheit zu erfassen, recht gut ist, ihre Fähigkeit, sie *richtig* zu erfassen, hingegen zu wünschen übriglässt. Kurz: Ihre diagnostische Sensibilität ist gut, ihre diagnostische Spezifität eher mäßig. Wie sollte ein Hausarzt in den paar Minuten Gespräch, die ihm pro Patient zur Verfügung stehen, eine bessere Diagnose stellen als ein epidemiologisch arbeitender Psychiater oder Psychologe, der ein einstündiges Gespräch mit dem Probanden führt? Und nun soll dies zum Maßstab erklärt werden oder zu Zweifeln über epidemiologisch erhobene Daten Anlass geben? Das wäre abwegig.

Schleim scheint dies auch zu ahnen und verabschiedet sich deshalb (ebenso wie Brede und Egloff) vom Terrain der Epidemiologie, auf dem für Steigerungsbehauptungen wenig zu holen ist. Stattdessen macht er geltend, es gäbe zwei andere von ihm als geeignet betrachtete Indikatoren dafür, dass es mit der psychischen Gesundheit der Bevölkerung schlecht stehe bzw. sich verschlechtere. Zum einen der steigende Verbrauch von Antidepressiva, zum anderen der von Stimulanzien wie Amphetamin und Metylphenidat (Ritalin). Deren Verbrauchszunahme soll darauf hinweisen, dass die Bevölkerung der (wachsenden) Stressbelastung insbesondere in Arbeit, Schule und Universität nicht mehr gewachsen ist, weshalb man die Einnahme dieser Medikamente als Form der Stressbewältigung und damit als Medikalisierung eines sozialen Problems zu verstehen habe. Was ist von diesem Argument zu halten?

Antidepressiva gegen psychische Erschöpfungszustände

Die Zunahme des Verbrauchs von Antidepressiva seit den 1990er Jahren ist unstrittig. (Die vorherige Unterversorgung auch; s. z. B. Keller et al. 1982, 1991.) Das festgestellte Ausmaß hängt davon ab, ob man die Zahl der Rezepte, die Zahl der von Apothekern verkauften Packungen, die Packungsgröße oder die Stärke des Wirkstoffs berücksichtigt. Als bestes Maß hat sich eine Größe durchgesetzt, die *daily defined doses* heißt (abgekürzt DDD; eine Definition findet sich in OECD 2013, S. 102).

Ohne hier in die Details dieser Zahlenwelt einzudringen, kann man sagen, dass die Zunahme der Verschreibungsmengen insbesondere seit 2000 eindeutig ist, und zwar sowohl auf nationalem wie internationalem Niveau. So berichtet der Depressionsatlas (2015) der Techniker Krankenkasse für Deutschland von einer Verdoppelung im Zeitraum zwischen 2000 und 2013. Ähnliche Zahlen finden sich im OECD-Überblick (2013), der im Durchschnitt aller OECD-Staaten ebenfalls eine Verdoppelung zwischen 2000 und 2011 findet.

Nun kann man diesen Anstieg, ähnlich wie den der Krankenkassendiagnosen bei psychischen Erkrankungen, als Aufhellung eines Dunkelfeldes verstehen, im Fall der steigenden Verschreibung von Antidepressiva als Linderung oder Beseitigung einer bisherigen Unterversorgung. *Für* diese Lesart spricht, dass sich zwar der Anteil der mit Antidepressiva behandelten Erwerbspersonen in Deutschland zwischen 2000 und 2013 von 4,1 % auf 5,9 % erhöht hat (Depressionsatlas 2015, S. 24); dadurch liegt die Verschreibungshäufigkeit aber immer noch am unteren Rand dessen, was als Realprävalenz für Depression festgestellt wird (6 bis 8 % für majore Depression zuzüglich 1 bis 2 % für Dysthymie). Eine Übermedikation Depressiver ist also nicht festzustellen, insbesondere deshalb nicht, weil Antidepressiva mittlerweile auch bei anderen Krankheitsbildern, wie Zwangs-, Ess- oder somatoformen Störungen, eingesetzt werden (Bondy 2010). Ein Teil der depressiv Erkrankten bleibt also auch derzeit noch medikamentös unbehandelt, was unterschiedlich eingeschätzt wird. Es ist nämlich strittig, ob leichtere Formen von Depression überhaupt einer medikamentösen Behandlung bedürfen. Manche optieren dafür und führen auch den Nachweis, dass sich die Behandlungswirkung von der einer Placebotherapie signifikant unterscheidet. Andere bezweifeln das und finden eine medikamentöse Behandlung in diesen Fällen entbehrlich. Die Wirksamkeit bei mittelschweren und schweren Depressionen steht außer Frage und eine Kombination mit Psychotherapie wird in beiden Fällen empfohlen.

Die Zunahme der Medikation ist, wie oben erwähnt, nicht auf Deutschland begrenzt, sondern findet sich in allen OECD-Ländern. Den höchsten Verbrauch weisen die skandinavischen Länder auf, insbesondere Schweden und Dänemark, aber auch eher »neoliberale« Länder wie Australien und Kanada liegen in der Spitzengruppe; ärmere Länder wie Estland, Ungarn und die Tschechische Republik liegen unter dem Durchschnitt. Der Verbrauch von Antidepressiva steigt also mit der Höhe des Bruttoinlandsprodukts bzw. des Pro-Kopf-Einkommens, und zwar unabhängig davon, ob man in einem ausgebauten Wohlfahrtsstaat oder in einem mit geringerer sozialer Absicherung lebt.[8]

Die Zunahme der Antidepressivaverschreibungen wird in der

Presseberichterstattung häufig von Adjektiven wie »besorgniserregend« begleitet. Eine unaufgeregtere Sicht hat in diesem Fall aber durchaus etwas für sich. So haben etwa Gusmao et al. (2013) festgestellt, dass die Verschreibungszunahme hochsignifikant mit einer Abnahme der Suizide korreliert; eine schwedische Studie hat dies dahingehend präzisiert, dass eine Verfünffachung der Verschreibung mit einer Suizidreduktion von 25 % einhergeht; und eine weitere, die 26 Länder umfasste, kam zu ähnlichen Ergebnissen. Nun kann man Korrelationen nicht unbedingt kausal interpretieren, in diesem Fall spricht jedoch einiges für eine kausale Deutung. Zum einen ist die Abnahme der Suizide umso ausgeprägter, je höher die Steigerungsquote der Antidepressivaverschreibungen ist, zum anderen sind die Suizide mit weitem Abstand dort am höchsten, wo die Antidepressivaverschreibungen am niedrigsten sind, nämlich in Südkorea (OECD 2013, S. 35, 103). Die Stiftung Deutsche Depressionshilfe hat diese Zusammenhänge auch einem deutschsprachigen Publikum in Kurzform zugänglich gemacht (Hegerl 2013). Sie hat darauf hingewiesen, dass die zunehmenden Verschreibungen von Antidepressiva keinen Missbrauch oder Überkonsum anzeigen, sondern vielmehr ein begrüßenswertes verändertes Hilfesuchverhalten der von Depressionen Betroffenen, die vermehrt zum Arzt gehen und dort auch vermehrt und angemessen medikamentös versorgt werden.

Schließlich ist noch zu erwähnen, dass der Verbrauch von Benzodiazepinen (z. B. Valium) in Deutschland seit 1993 rückläufig ist, also seit Einführung einer neuen Generation von Antidepressiva. Die Steigerung des Antidepressivaverbrauchs wird zumindest teilweise kompensiert durch den sinkenden Verbrauch der Benzodiazepine, was in einer Gesamtrechnung berücksichtigt werden muss, wenn man zu soliden Gesamt(steigerungs)zahlen kommen will.

Ritalin gegen Aufmerksamkeitsdefizite

Der Verbrauch der unter dem Handelsnamen Ritalin bekanntgewordenen Substanz Metylphenidat hat seit 2000 zugenommen, und zwar erheblich. Es werden Steigerungsraten der Produktionsmenge um das Zehnfache berichtet.[9] Ritalin wird vor allem bei ADHS verschrieben, und seine Verschreibungshäufigkeit ist seit längerem in der Kritik. Die Fakten sind folgende: Die epidemiologisch erhobenen Häufigkeiten liegen nach den weicheren Kriterien des DSM bei 4,4 %, nach den härteren des ICD bei 2,6 % für Kinder und Jugendliche im Alter zwischen 4 und 19 Jahren. Da in Deutschland nach ICD diagnostiziert wird, müsste die Diagnoseprävalenz der Krankenkassen bei 2,6 % liegen, faktisch liegt sie nach einem Anstieg zwischen 2006 und 2011 mittlerweile bei 4,1 %, was auf eine Überdiagnose hinweist. Mit Ritalin (Metylphenidat) behandelt werden 2 % der zwischen 0–19-Jährigen (Barmer GEK Arztreport 2013, S. 151). Unter Berücksichtigung der Tatsache, dass das Medikament für Unter-6-Jährige nicht verschrieben werden darf, erhalten somit etwa 2,5 % der 6–19-Jährigen mindestens einmal im Jahr eine Verschreibung, was der harten Realprävalenz des ICD entspricht und erheblich unter der Diagnoseprävalenz von 4,1 % liegt. Etwas mehr als *die Hälfte* der ADHS-Diagnostizierten erhalten also Medikamente, weshalb von einer Übermedikation kaum gesprochen werden kann.

Diese Befunde werden in einer Stellungnahme der Deutschen Gesellschaft für Kinder- und Jugendpsychiatrie (Döpfner et al. 2013) weiter differenziert. Eingeräumt wird eine mögliche Überdiagnose und Übertherapie bei Subgruppen (insbesondere bei 6–11-jährigen Buben), bestritten wird eine generelle Überversorgung bzw. Übermedikation, wie sie gelegentlich aus dem Barmer GEK Arztreport von 2013 herausgelesen wurde. Der Stellungnahme und dem Report ist weiter zu entnehmen, dass zwar die Verschreibungshäufigkeit noch zunimmt, die verschriebenen Tagesdosen aber seit 2010 stagnieren, weil eine vermehrte Verschreibung durch eine verringerte Dosierung kompensiert wird. Seit 2013 geht erstmals auch der Gesamtverbrauch zurück, obwohl das Medikament seit 2011 auch für die Anwendung bei Erwachsenen freigegeben worden ist. Dies zeigt einen Einstellungswandel im Sinne einer restriktiveren Verschreibungspraxis an. Von einer generellen medikamentösen Übertherapie kann jedoch ebenso wenig wie bei den Antidepressiva die Rede sein. Verbesserungsbedürftig ist allerdings die psychotherapeutische Versorgung, die den Behandlungsrichtlinien zufolge Vorrang vor der medikamentösen Therapie haben sollte, was derzeit nicht der Fall ist.

Hirndoping zur mentalen Selbstoptimierung

Der Frage der Leistungssteigerung durch Medikamente wird seit einigen Jahren unter dem Begriff des Hirndopings nachgegangen. Damit ist die Einnahme von vermeintlich oder tatsächlich leistungssteigernden oder stimmungsaufhellenden verschreibungspflichtigen Medikamenten durch Gesunde gemeint. Diskutiert werden vier Stoffgruppen: die Antidepressiva, die Antidementiva, die Betablocker und die Stimulanzien wie Ritalin. Hirndoping liegt dann vor, wenn diese Mittel von Gesunden benutzt werden, um entweder die Stimmung in der Freizeit zu verbessern oder die Leistungsfähigkeit (Konzentration, Gedächtnis) am Arbeitsplatz.

Nun hat Stimmungsaufhellung in der Freizeit nichts mit Leistungssteigerung am Arbeitsplatz zu tun, ist aber verschiedenen Befragungen zufolge häufiger ein Motiv für die Einnahme einschlägiger Substanzen als Leistungssteigerung. Umgangssprachlich formuliert, ist es somit wichtiger, in der Disco durchzuhalten als bei der Arbeit. Diese saloppe Feststellung lässt sich dahingehend präzisieren, dass es auch bei der Arbeit öfter ums Wohlfühlen als um Leistungssteigerung geht. So ergaben qualitative Interviews mit englischen Studenten, dass sie sich durch die Einnahme von Stimulanzien bei Prüfungsvorbereitungen weniger eine Verbesserung der Leistung erwarten als eine verbesserte Stimmung während der Prüfungsvorbereitung, also eine erleichterte Leistungserbringung. Einschlägige Substanzen werden also eingenommen, weil man sich dann bei der Prüfungsvorbereitung besser fühlt und sich leichter an die Arbeit macht. Dieses Motiv wird als emotionales im Unterschied zum kognitiven *Enhancement* bezeichnet (Vrecko 2013). Auch bei Arbeitnehmern spielt das Motiv der besseren bzw. leichteren Erreichbarkeit beruflicher Ziele, sofern sie überhaupt dopen, eine erhebliche Rolle (DAK-Report 2015). Nicht verschwiegen werden sollte, dass auch bei sehr starken Arbeitsbelastungen (operationalisiert als Arbeitszeiten über 45 Stunden) eine Zunahme des Hirndopings festzustellen ist (Schilling et al. 2012).

Was die tatsächlichen *kognitiven* Effekte angeht, so sind sie minimal bis nicht existent. Antidementiva bewirken bei Gesunden keine Verbesserung der Gedächtnisleistung, und Stimulanzien verbessern nicht die Aufmerksamkeit oder Konzentration, sondern erhöhen allenfalls die Dauer der Aufmerksamkeitsspanne. Derselbe Effekt lässt sich Lieb (2010, S. 75) zufolge mit mehreren Tassen Kaffee erreichen, so dass ein Wettbewerbsvorsprung durch Hirndoping nicht realistisch ist. Einen solchen zu erlangen ist nur für 4 % der Befragten überhaupt ein Motiv.

Was nun die Häufigkeit von Hirndoping jenseits von Motivfragen angeht, so zeigen verschiedene Studien entgegen dem öffentlichen Meinungsbild (»Millionen dopen am Arbeitsplatz«) eine geringe Verbreitung. Unterschieden wird zwischen Lebenslaufprävalenz (»Haben Sie ein einschlägiges Medikament mindestens *einmal in ihrem Leben* schon zu nichtmedizinischen Zwecken eingenommen«), 12-Monatsprävalenz (»haben Sie *es einmal im vergangen Jahr* eingenommen«) und 1-Monatsprävalenz (»haben Sie es einmal, zweimal oder öfter *im vergangenen Monat* eingenommen«). Die letztere Personengruppe gilt als »harte« Hirndoper. Man kann dies als ein (über)hartes Beurteilungskriterium verstehen, denn ein Musiker, der einmal im Monat zur Bekämpfung seines Lampenfiebers einen Betablocker einnimmt, fällt damit bereits in die Kategorie der harten Hirndoper, weil Lampenfieberbekämpfung keine medizinische Indikation für Betablocker ist. Aber selbst bei Gültigkeit dieses Kriteriums ergeben verschiedene Untersuchungen (Überblicke bei Lieb 2010, Lucke et al. 2011, Schilling et al. 2012, DAK 2015), dass allenfalls 1 bis 4 % der Bevölkerung dieser Gruppe zuzurechnen sind (Dunkelfeldabschätzungen erhöhen die Zahlen um bis zu 80 %). Schon der DAK-Report von 2009, der 2,2 % harte Doper fand, resümierte, dass dieses Problem *nicht* weit verbreitet sei und in den Medien überschätzt werde. Der Folgereport von 2015 berichtet eine Zunahme auf 4,2 % (S. 94, 98), was von entsprechenden Alarmmeldungen in den Medien begleitet war. Der Bericht von 2015 ist

insofern nicht ganz konsistent, als er neben der Zahl von 4,2 %
auch wieder auf die Zahl von 2,2 % zurückkommt und andernorts
(S. 96) sowie im Resümee (S. 123) von 2 bis 3,5 % harten Dopern
spricht, wobei die 3,5 % die um 80 % nach oben korrigierte
Dunkelfeldziffer der offiziell erhobenen 2,2 % sein sollen. Unter Ver-
nachlässigung solcher Feinheiten resümiert auch dieser Bericht erneut: »Die Analysen des Reports zeigen, dass pharmakologisches
Neuroenhancement weiterhin kein verbreitetes Phänomen ist. Jedoch
ist von einem harten Kern von etwa 2 bis 3,5 % aktuellen und regel-
mäßigen Konsumenten auszugehen ...« (2015, S. 123).

Ähnliches ergibt ein US-amerikanischer Report (SAMSHA 2012),
der keine Zunahme zwischen 2002 und 2011 feststellen konnte.
Obwohl die USA als Hochburg des Hirndopings gelten, liegt die
1-Monatsprävalenz konstant bei 2,4 %. Die gelegentlich durch die
Presse zirkulierenden Zahlen von bis zu 20 % dopenden College-
Studenten haben sich als methodenbedingt fehlerhaft erwiesen,
weil hier keine repräsentativen Stichproben untersucht wurden,
sondern sich selbst rekrutierende Stichproben über Online-Befra-
gungen von am Thema Interessierten, die immer höhere Zahlen
ergeben.

Schlussendlich ist zu berücksichtigen, dass der Gebrauch der früheren konventionellen Stimmungsaufheller und Stimulanzien wie
Alkohol und Zigaretten seit 1980 kontinuierlich zurückgeht, so
dass man es vermutlich selbst bei einer Zunahme von Hirndoping
durch Medikamente (teilweise) eher mit einer Mittelgebrauchs-
verschiebung zu tun hat als mit einer Gesamtzunahme.

Psychomedikation im Nachkriegskapitalismus

Bei Ritalin handelt es sich um eine Substanz, die in ihrer Wirkung
den Amphetaminen ähnelt. Beide sind schon lange auf dem Markt,
Amphetamine verstärkt seit den 1930ern, Ritalin seit den 1950ern.
Dem Überblick von Rasmussen (2008), der sich auf die USA bezieht, kann man entnehmen, dass es in den USA zwischen 1950 und
1970 eine »Amphetaminepidemie« gab. Das Mittel war zunächst

verschreibungsfrei erhältlich und wurde, neben seiner vorherigen militärischen Verwendung bei Flugpiloten von Langstreckenbombern, im zivilen Bereich seit den 1950ern zur Behandlung von Antriebsschwäche und Depression sowie zur Erzielung von Leistungssteigerung und Gewichtsabnahme eingesetzt. Es erfreute sich seit Anfang der 1950er stark wachsender Verbreitung. Auf dem Gipfel um 1970 – also am Ende von Lyndon B. Johnsons *Great Society*, die den Höhepunkt des amerikanischen Wohlfahrtskapitalismus markierte – betrug die 12-Monatsprävalenz seiner Einnahme etwa 5–6,5 %. Als Ursache für die weite Verbreitung wird in einem damaligen Buch zum Thema (Grinspoon/Hedblom 1975) dieselbe angegeben wie heute, nämlich das Bedürfnis nach einer »technischen« Lösung der Bewältigung zunehmender Stressprobleme, die anscheinend damals nicht geringer waren als heute.

Die Zahl derer, die dieses Mittel *nicht* einer ärztlichen Indikation entsprechend verwendeten, schätzt Rasmussen (2008) auf 3,8 Millionen Amerikaner, wohingegen er die nichtmedizinische Verwendung aller amphetaminähnlichen Substanzen für das Jahr 2004 auf gut drei Millionen schätzt. Dies würde bedeuten, dass der nichtmedizinische Gebrauch im Zeitraum zwischen 1970 und 2004 *abgenommen* hat, und zwar sowohl in absoluten Zahlen (von 3,8 auf drei Millionen) als auch noch stärker in relativen, weil die amerikanische Bevölkerung in diesem Zeitraum wuchs. Aggregiert man die Metylphendidat- und Amphetaminproduktionszahlen dieser Zeit, so lagen sie Ende der 1960er dort, wo sie nach zwischenzeitlicher Absenkung seit 2005 wieder liegen (trotz erheblichen Bevölkerungswachstums). Die Produktionszunahme dieser Substanzen im besagten Zeitraum betrug somit null, was zeigt, dass die oft berichteten Steigerungen ein Effekt der Wahl des Basisjahres sind.

Der Benzodiazepinverbrauch wies in den Jahren zwischen 1963 und 1975 eine ähnliche Zunahme auf wie die heutigen Antidepressiva (s. Whitaker 2010, S. 126 ff.). Den älteren unter den Lesern wird noch der Song der Rolling Stones über »mother's little helper« in Erinnerung sein. Beide Stoffgruppen (Amphetamin/Ritalin und Benzodiazepine) wurden in den 1950er und 1960er Jahren auch offensiv zur Leistungssteigerung am Arbeitsplatz sowie zur Bewältigung von Lebensproblemen und solcher im Haushalt beworben und eingesetzt. Für Überforderung, Niedergeschlagenheit und Müdigkeit gibt es anscheinend immer Gründe. Während heute die *work-life-balance*, die Arbeitsverdichtung oder die ständige Erreichbarkeit anstrengend sind, waren es damals neben der Arbeit noch die öde und monotone Hausarbeit, die die Hausfrau zermürbte und mental sowie emotional erschöpfte, so dass sie Amphetamine benötigte, um wieder in Gang zu kommen. Dies gilt auch für andere Länder wie z. B. Schweden, das dem Bericht von Diller (1996, S. 12) zufolge in den 1960er Jahren einen enormen Ritalinverbrauch zu Erholungs- und Entspannungszwecken aufwies, obwohl gerade dieses Jahrzehnt als Höhepunkt des gemütlichen semisozialistischen schwedischen Volksheimes gilt (in dem allerdings auch die Zahl der psychischen Störungen im Allgemeinen und die der Depressionen im Besonderen zunahm [insbesondere 1957–1972], wohingegen sie vorher und nachher stagnierte; s. die oben erwähnte Lundby-Studie).

Solche historischen Betrachtungen sollen weder dem Medikamentenmissbrauch das Wort reden noch einer gelegentlich ausufernden und unverantwortlichen Bewerbung durch die pharmazeutische Industrie. Sie können und sollen aber das Sensorium dafür stärken, dass es Überforderungsklagen, Erschöpfung und Stress auch zu Zeiten gab, in denen die Arbeitsplätze noch sicher waren, die Scheidungsraten noch niedrig, die Mütter noch weniger berufstätig, die Wirtschaft noch weniger globalisiert und die Welt insgesamt (angeblich) noch in größerer Ordnung war als heute. Wer also meint, die heutigen Steigerungsraten im Verbrauch von Antidepressiva und Ritalin seien einem leistungsgierig gewordenen neoliberalen »Raubtierkapitalismus« anzulasten, darf sich durch die dargestellten Befunde eines Besseren belehren lassen und kann lernen, dass ähnliche Steigerungsraten auch für die 30 Jahre (1945–1975) des wohlfahrtsstaatlich gezähmten »Haustierkapitalismus« nachgewiesen werden können.[10]

Die in den vorigen Abschnitten dargestellten Befunde lassen sich wie folgt zusammenfassen: Der steigende Verbrauch von Antidepressiva stellt keine Übermedikation dar, sondern beseitigt eine bisher bestehende Unterversorgung. Wahrscheinlich nehmen manche Personen diese Medikamente ein, ohne sie wirklich zu benötigen, wohingegen andere, die sie benötigen, sie (noch) nicht erhalten. Wichtiger und produktiver als ständige Alarmmeldungen auszustreuen scheint es deshalb zu sein, den Einsatz dieser Mittel »zu optimieren« und trennschärfer als bisher die unnötigen Einnahmen von den notwendigen, aber noch nicht erfolgenden zu unterscheiden. Einschlägige Projekte mit diesem Ziel existieren (Literatur bei Gusmao et al. 2013). Was die Ritalinverschreibungen angeht, so gibt es keine Hinweise auf eine generelle Übermedikation, wohl aber auf eine Überdiagnose und Übermedikation bei bestimmten Subgruppen, insbesondere den 6–11-jährigen Buben, die zurückgeführt werden sollte.

Was das Hirndoping betrifft, so besteht zu aufgeregter Besorgnis kein Anlass, auch wenn Vorsicht und Umsicht selten schaden können. Es handelt sich insgesamt um ein eher situatives und anlassbezogenes Phänomen, das in seiner stärker verbreiteten Form allenfalls für eine Minderheit von 2 bis 3,5 % relevant ist. Die dargestellten Befunde stützen deshalb in ihrer Gesamtheit *nicht* die These, die Lebens- und Arbeitsbedingungen moderner Gesellschaften hätten sich im Lauf der letzten Jahrzehnte so verschlechtert, dass sie nur noch gedopt auszuhalten seien, oder der psychische Gesundheitszustand der Bevölkerung verschlechtere sich unter dem Einfluss der generell wachsenden Komplexität der Lebensbedingungen so, dass er zu einem unangemessen steigendem Medikamentengebrauch führt.[11]

Konzentriert man sich abschließend auf die möglichen Gründe für die Zunahme, die in den verschiedenen Überblicksarbeiten zum Thema diskutiert werden (z. B. bei Gadow 1996, Olfson et al. 2002, Zito et al. 2008, Steinhausen 2015), so stellt man fest, dass Überforderungs- oder Leistungssteigerungsbehauptungen *keine* prominente Rolle spielen. Genannt werden vielmehr folgende Faktoren: sich wandelnde oder unterschiedliche kulturelle Einstellungen zu Medikamentenverschreibung und -gebrauch, die die erheblichen nationalen Unterschiede miterklären können; Versorgungsverbesserungen im Sinne eines ausgeweiteten Angebots an Ärzten, Behandlungseinrichtungen, Medikamenten und anderen Therapien; Versicherungen, die sie bezahlen; und eine zunehmende Sensibilität für die entsprechenden Krankheiten bzw. Symptome. Durch all dies erhöht sich die Inanspruchnahme medizinischer Dienste, Leistungen und Medikamente ebenso wie durch die Absenkung von Diagnoseschwellen, das Wachstum des Pro-Kopf-Einkommens und die subjektiv gestiegenen Ansprüche an ein gutes, d. h. symptomarmes Leben.

Dies zeigt sich unter anderem auch daran, dass die Verschreibungen für Krankheiten steigen, bei denen man kaum Leistungssteigerungsmotive unterstellen kann, weil sie so schwer sind, dass in den meisten Fällen überhaupt keine Leistung erbracht wird, sondern bloß Symptome gelindert werden können. Die Medikation von Störungen des autistischen Spektrums etwa (*autistic spectrum disorder; ASD*) ist in reichen Ländern höher als in armen, steigt innerhalb der reichen in den letzten 20 Jahren kontinuierlich an, und zwar in ähnlicher Größenordnung wie bei Antidepressiva oder Ritalin (Wong et al. 2014; Steinhausen 2015, S. 638). Daraus kann man schließen, dass es sich bei der zunehmenden Psychomedikation in erster Linie um eine Begleiterscheinung wachsenden Wohlstands und zunehmender Behandlungsmöglichkeiten handelt und allenfalls zweitrangig um eines der Überforderungs- oder Leistungssteigerungsbewältigung, obwohl auch das in eher geringem Umfang der Fall sein kann, wie die Diskussion im Abschnitt über das Hirndoping gezeigt hat. Dass bei ärztlicher Medikation gelegentlich kommerzielle Interessen eine Rolle spielen, sollte nicht bestritten werden. Dieses Problem ist aber in europäischen Ländern, in denen die Psychomedikation nur etwa ein Drittel der US-amerikanischen erreicht, aus verschiedenen Gründen erheblich geringer. Entsprechend variieren die Einschätzungen der Fachleute in der Medikamentenfrage von einer Tendenz zur Übermedikation speziell in den USA (Rapoport 2013) bis hin zur Auffassung, dass in anderen Ländern (auch Europas) nach wie vor eher eine Unter- als eine Übermedikation das vorrangige Problem ist (Taylor 2013).

Grundsätzlich erwarte ich, was das Thema Selbstoptimierung und *Neuroenhancement* in seinen verschiedenen Spielarten angeht, für die Zukunft keine »brave new world«, sondern eine Situation, in der drei Strömungen koexistieren: Versuche zur Optimierung, Versuche, sich ihr zu entziehen, und Kritik an beidem. Einen Mittelweg zwischen Optimierungshypertrophie und pharmazeutischer Askese zu finden wird nicht einfach werden, aber vermutlich kommt es mit Biotechnologie und *Neuroenhancement* wie mit den neuen Medien: Eine Mehrheit findet sich damit zurecht und wird verantwortungsvoll damit umgehen, eine Minderheit im einstelligen Prozentbereich wird Probleme bekommen. »Im Ergebnis gibt es keine hinreichenden Gründe, um zu verhindern, dass Menschen von den technischen Möglichkeiten des *Neuroenhancements* nach eigener Entscheidung und auf eigene Rechnung, also gewissermaßen in Konsumentenhaltung, Gebrauch machen. Man muss am Ende darauf vertrauen, dass sie selbst dabei ein Maß und eine Mitte finden« (van den Daele 2009a, S. 114; ausführlicher und theoretisch brillant 2009b; skeptischer ist Lieb 2010, S. 155 f.).

Kapitel 3
Gegenwartskritik durch Vergangenheitsverklärung

Sehnsucht nach den »30 wunderbaren Jahren« der Nachkriegsepoche

Der angebliche Zerfall der intakten Familie

Die seit der Finanzkrise von 2008 ff. wieder boomende Systemkritik macht in manchen Kreisen den neoliberalen Kapitalismus nicht nur für kritikwürdige Veränderungen in der Arbeitswelt verantwortlich, sondern auch für das, was fälschlich für den Zerfall der Familie gehalten wird. In dieser Zerfallsklage treffen sich Familienkonservative wie Bolz (2006) und Linke (Männer) wie Streeck (2011), auch wenn sie die Ursachen für den Zerfall unterschiedlich konzipieren. Streeck etwa schreibt die angebliche Destabilisierung der Familie, die sich in sinkenden Geburten- und steigenden Scheidungsraten zeigen soll, der »Kommodifizierung« der weiblichen Arbeitskraft zu, also der Integration von Frauen ins Berufsleben. Sie hat in seiner Sichtweise in den letzten 40 Jahren irrtümlich als Fortschritt gegolten, in Wahrheit aber dazu geführt, dass Paare keine Zeit mehr haben, Kinder aufzuziehen und deshalb keine mehr wollen und bekommen. Ausnahmen bilden die im Luxus lebende Oberschicht und die staatlich alimentierte Unterschicht, in der das Kinderkriegen zu einer Form der Einkommensbeschaffung außerhalb des Arbeitsmarktes benutzt werden kann.

Anscheinend haben wir uns also getäuscht, als wir die weibliche Berufstätigkeit für einen emanzipatorischen Fortschritt hielten. Das gilt allenfalls für ein paar Mittelschichtfrauen. Wahrscheinlich täuschen wir uns auch, wenn wir glauben, durch kleinteilige, aber milliardenschwere Reformen wie Verbesserung der Kinderbetreuungsmöglichkeiten, bezahlte Elternzeit, Beseitigung von Karrierenachteilen bei Teilzeitarbeit, flexible Arbeitszeiten, Anrechnung von Erziehungszeiten bei den Rentenanwartschaften die Vereinbarkeit von Familie und Beruf zu erleichtern. Erleichtern genügt nämlich nicht. Eine wahre Lösung muss her, und die ist nur gegen den vorherrschenden Kapitalismus möglich. Sie besteht darin, so viel Lohn zu fordern, dass Eltern ihre Arbeitszeit reduzieren und sich – wie angeblich früher –, entspannt der Produktion und Versorgung ihrer Kinder widmen können. Dass auch ein durchschnittlicher Arbeitnehmerhaushalt um 1960 auf die Frau als Zweitverdiener angewiesen war (Schildt 2007, S. 37 f.); dass dies in historischer Perspektive sogar die Normalform der ökonomischen Grundlage von Familien ist [mit Ausnahme der 1950er und frühen 1960er Jahre, dem sogenannten goldenen Familienzeitalter, das maximal 15 bis 20 Jahre umfasste, aber irreführenderweise immer wieder als Vergleich herangezogen wird; Bertram/Deuflhard 2015, S. 34 ff., 48, 72 f., 104 f., 174)]; dass 88 % der Deutschen mit ihrem Einkommen bzw. erreichten Lebensstandard zufrieden sind (Manchin 2011); dass die aggregierte berufliche Wochenarbeitszeit von Müttern und Vätern zwischen Mitte der 1950er und 2004 abgenommen hat (Bertram/Bertram 2009, S. 180); dass Eltern noch nie so viel Zeit mit ihren Kindern verbracht haben wie heute (Dornes 2012, S. 43 ff.); dass dies auch dann der Fall ist, wenn sie mehr arbeiten und mehr außerhäuslich betreuen lassen als früher (Bertram/Deuflhard 2015, S. 127 ff.) – all das wird bei solch grundsätzlicher Betrachtung meist übersehen.

Weder ist also die Befürchtung von Hochschild (2012) eingetroffen, dass die Fürsorge für Kinder in modernen Familien zunehmend ausgelagert wird, noch die, dass die Frauen einseitig belastet werden. Die vermehrte Beteiligung der Väter an Kindererziehung und Hausarbeit (in geringerem Umfang auch die der Großeltern) hat vielmehr zu einem internen Familienlastenausgleich geführt, der Frauen eine zunehmende Berufstätigkeit erlaubt, ohne ihre Gesamtzeitbelastung (über die des Mannes hinaus) zu steigern. Das Hauptproblem für Frauen besteht vielmehr in Karrierenachteilen durch Teilzeitarbeit und der schlechteren Bezahlung in typisch weiblichen Berufen.

Ebenso wird oft nicht berücksichtigt, dass es weder den Kindern noch den Frauen in der »fordistisch-tayloristischen Familie« von damals – also in der traditionellen Mann-verdient-Frau-bleibt-zu-Hause-Konstellation – besser ging als in der heutigen modernisierten Familie (ausführlich dazu Dornes 2012); und schließlich wird im historischen Rückblick meist vergessen, dass diese traditionelle Konstellation historisch eher eine Ausnahme ist und, selbst als sie vorherrschte, gar nicht so häufig war wie vermutet, weil nämlich bereits 1960 etwa ein Drittel und 1970 schon knapp die Hälfte der Mütter berufstätig waren (Schildt 2007, S. 37; Bertram/Deuflhard 2015, S. 34 ff., 94, 104 f., 131) – und zwar ohne die Möglichkeit von Teilzeitarbeit, Elterngeld oder Kitabetreuung.

Die Idealisierung der früheren Arbeitswelt

Auch in der Arbeitswelt sah es damals nicht rosig(er) aus. Die Arbeiter litten unter der Monotonie des Fließbands, der schweren körperlichen Arbeit und den langen Arbeitszeiten. Vati gehörte samstags noch dem Arbeitgeber, nicht der Familie. Stress bei der Arbeit gab es reichlich, auch wenn nicht so viel darüber geredet wurde wie heute; und gesünder waren die Arbeitsplätze damals auch nicht, eher im Gegenteil. Dies spiegelt sich in drei dürren Zahlen: Erstens war der Krankenstand im Jahr 1970 – also auf dem Höhepunkt der Vollbeschäftigung, des umverteilenden Sozialstaats und der Einkommensgleichheit – außerordentlich hoch und geht seither kontinuierlich zurück; zweitens beantragten damals 48 % aller Neurentner eine Invaliden- oder Erwerbsminderungsrente, heute sind es nur 20 % (Rudzio 2013); drittens betrug die Rentenbezugsdauer damals im Durchschnitt zehn Jahre, während es heute 17 Jahre sind (v. Weizsäcker 2014, S. 43); und ob die Arbeitsplätze damals, wie häufig behauptet, *psychomental* weniger belastend waren, darf ebenfalls bezweifelt werden. Eine Untersuchung über »Psychostress« bei der Arbeit aus dem Jahr 1958 fand beispielsweise heraus, dass 40 % der Arbeiter unter psychischen Störungen oder psychosomatischen Erkrankungen litten (zit. in Kury 2012, S. 195; weitere Daten für die 1960er und 1970er Jahre bei Ehrenberg 2010, S. 368 f., 427 f.). Diese Marke wird derzeit, den Angaben von Schmiede (2011, S. 122) zufolge, nur von der Berufsgruppe der Software-Entwickler erreicht, die allerdings die am höchsten belastete sein soll und viermal häufiger als der Durchschnitt psychosomatische Beschwerden angibt. Für einen langfristigen Anstieg *arbeitsbedingter* psychischer Erkrankungen gibt es demzufolge, sofern diese Zahlen repräsentativ sind, ebenso wenig Anhaltspunkte wie für einen Anstieg psychischer Erkrankungen insgesamt.

Unbestreitbar haben in Deutschland zwischen 2000 und 2012 *die Fälle* von Arbeitsunfähigkeit aufgrund von Krankschreibungen wegen psychischer *Diagnosen* erheblich zugenommen; ebenso die Arbeitsunfähigkeits*tage* und die Früh- bzw. Invaliditäts*berentungen* (Überblicke bei BPkT 2013, Linden 2013, Weiß 2013). Die plausibelste Erklärung dafür lautet: Da die Vorkommenshäufigkeit psychischer Erkrankungen, wie die epidemiologischen Untersuchungen zeigen, nicht gestiegen ist, sind die erhöhten Krankschreibungen und Berentungen auf einen Einstellungswandel in Bezug auf psychische Leiden und die zunehmende Bereitschaft zurückzuführen, sich deswegen diagnostizieren, krankschreiben, behandeln und berenten zu lassen. Der zugrundeliegende Einstellungswandel wurde schon im DAK-Gesundheitsreport von 2005 durch Befragungen von Ärzten und Patienten festgestellt und wird im Report von 2013 bestätigt (S. 27 ff., 54 ff., 110 f.). Hinzu kommt, dass psychische Probleme, z. B. bei unter Rückenleiden klagenden Patienten, auch schon früher bemerkt, aber nicht aufgeschrieben wurden, sei es aus Gründen der Diskretion, sei es, weil heute eine sogenannte »verschärfte Diagnostik« praktiziert wird. Da Rückenleiden allein nicht mehr für eine Rehabilitationsmaßnahme reichen – »Krankengymnastik kann er ja auch zu Hause machen« –, wird noch eine somatoforme Störung oder eine Depression vermerkt (ebd., S. 64). Und was die steigende Zahl von Frühverrentungen angeht, so sei an die oben zitierten Äußerungen von Panter erinnert, der sie darauf zurückführt, dass man mit psychischen Diagnosen heute leichter berentet wird als mit einer somatischen Erkrankung.

Insgesamt kann man, was die Arbeitswelt angeht, festhalten, dass sich die Arbeitsbedingungen in den vergangenen Jahrzehnten nicht (nur) verschlechtert, sondern (auch) verbessert haben und dass die seit etwa 30 Jahren zu beobachtende Komplexitätssteigerung und Flexibilisierung der Arbeit zu oft und zu einseitig als Belastung, nicht als Bereicherung gesehen wird (exemplarisch: Voss/Weiss 2013; kurze Alternativdarstellungen bei Bollmann 2015 und Wetzel 2015).[1] Außerdem wird die vormalige Monotonie und Anspruchslosigkeit zu häufig in ihrer auch psychischen Belastungswirkung unterschätzt, obwohl die oben angeführte Zahl von 40 % psychisch oder psychosomatisch beeinträchtigten Arbeitern aus dem Jahr 1958 zeigt, dass sie auch schon damals vorhanden und nicht geringer war. Im Übrigen zeigt eine Auswertung nach Berufsgruppen, dass Depressionen in *weniger* komplexen Berufen häufiger sind als in solchen mit höheren Qualifikationsanforderungen (Depressionsreport 2015, S. 14).

Die soziokulturelle Realität im »Wirtschaftswunder«

Und wie sah es sonst in den 30 Jahren der Nachkriegsepoche in der Gesellschaft aus? Homosexuelle fürchteten sich vor strafrechtlicher Verfolgung, uneheliche Mütter vor gesellschaftlicher Ächtung, deren Kinder vor Adoption und Heimunterbringung. 800 000 lebten in Heimen unter heute kaum mehr vorstellbaren Bedingungen von Misshandlung und Demütigung. Häusliche Gewalt war in dieser Zeit »stabiler« Ehen um 30 % häufiger, weiblicher Suizid um 8 bis 16 % als nach Einführung der schuldfreien Scheidung. Kriegsheimkehrer waren traumatisiert, Flüchtlinge und später »Gastarbeiter« waren in Baracken untergebracht. Die Erziehung war repressiv. Die Betrachtung des Neckermann-Miederwäschenkatalogs führte bei Buben zu unsteuerbarer sexueller Erregung, die erste Monatsblutung bei Mädchen zu diffuser Angst. Beim Masturbieren drohte Rückenmarksschwund, bei mangelndem Gehorsam Prügel. Es sollte aufrecht gesessen werden bei Tisch und mit angelegten Armen. Dennoch musste sich früh krümmen, was ein Häkchen werden wollte. Daraus resultierende Haltungsschäden wurden weder vom Orthopäden noch vom Psychotherapeuten korrigiert, denn beide gab es nicht und wenn, dann in der nächsten Großstadt. Die aber war zwei Zugstunden entfernt, und der Gedanke an Erziehungsberatung war noch weiter weg als der Mond.

Die Unfähigkeit zu trauern und zur Empathie war weit verbreitet, störte aber niemand, denn die Opfer waren entweder nicht mehr da oder beklagten sich nicht. Arbeiterkindern und Mädchen fehlten die Bildungsaufstiegsmöglichkeiten, in den Schulen wurden Strafarbeiten geschrieben, nachgesessen und Ohrfeigen ausgeteilt. Wer nicht richtig lesen und schreiben konnte, hatte keine behandlungsbedürftige Legasthenie, sondern landete umstandslos in der Sonderschule. Pech gehabt. Abtreibung war verboten, und Frauen benötigten für eine eventuelle Erwerbstätigkeit die Genehmigung des Ehemannes.

Der geistige und körperliche Zustand eines 60-Jährigen entsprach dem eines heutigen 70-Jährigen, und so sah er auch aus. Auf den Feldern standen Bauern mit Gicht, Rheuma und arthrosesteifen Hüften. Sie hatten keinen Zugang zu künstlichen Gelenken, keinen Burn-out, aber chronische, unbehandelbare Schmerzen, die sie stoisch oder verbittert ertrugen. Sie machten Kartoffeln aus, die radioaktiv verstrahlt waren, denn auf den Mururoa- und Bikini-Atollen, in der Sahara, der kasachischen Steppe und uigurischen Gebieten Chinas fanden überirdische Atomwaffentests statt, deren Fallout über die halbe Welt niederging.

Der Bodensee und der Rhein waren Kloaken, die Luft in den Großstädten war miserabel. In London starben in einem durchschnittlich nebeligen Winter Zigtausende am berüchtigten Smog, und über die üblichen Wohnverhältnisse dieser Zeit kann man sich an Hand von Abbildungen, Filmen oder Erinnerungen ein ernüchterndes bis bedrückendes Bild machen; und was die politische Großwetterlage angeht, so standen wir in dieser Zeit mindestens dreimal am Abgrund eines neuen Weltkriegs (Korea, Berliner Mauerbau, Kuba), hatten in Südeuropa drei Diktaturen (Spanien, Portugal, Griechenland) und in Osteuropa noch mehr.

Aber das alles zählt nicht viel, wenn es darum geht, die Vergangenheit des organisierten, korporativistischen, welfaristischen Kapitalismus in eine wiederzugewinnende Zukunft zu verklären. Viele Linke von heute sind Gefangene der großen Erzählung von den »30 wunderbaren Jahren« des Nachkriegskapitalismus (Crouch 2012), in Frankreich »les trentes glorieuses« genannt, in den USA »The Golden Age«, bei uns das Wirtschaftswunder. Ein Blick in die Wirtschafts- und Sozialgeschichte zeigt jedoch, dass die goldenen 30 Jahre so golden nicht waren, sondern erstens in erheblicher Geschwindigkeit abliefen und zweitens mit vielen Deklassierungen einhergingen. Der Sozialhistoriker Kaelble etwa (2007, S. 63 f.) beschreibt die 30 wunderbaren Jahre nüchtern als eine Epoche dramatischer sozialer Veränderungen mit hohem Wandlungstempo und vielen Prekarisierungen (ebenso Schildt 2007).[2]

Die Ursachen und Folgen der Nostalgie

Wie kann man die oben skizzierte Vergangenheit als wunderbar idealisieren? Indem man sie nur selektiv zur Kenntnis nimmt, die politisch-kulturell restaurativen Elemente dieser Zeit ausblendet und die sozioökonomischen Bedingungen idealisiert (Rödder 2014). Das geht so: Damals waren die Wachstumsraten hoch, die Arbeitslosigkeit niedrig, die Gewerkschaften stark, die Familien stabil, die Demographie günstig und der Staat interventionistisch. Das zählt. Der interessierte Leser konsultiere dazu das Buch von Streeck (2009; zur Familie den Aufsatz von 2011). Bei aller Differenziertheit suggeriert es immer wieder, dass Regulierung und Formierung »gut«, Deregulierung und Liberalisierung aber »schlecht« sind. Die Sehnsucht nach der traditionellen, »formierten« Familie wird maskiert – sie wäre für einen Linken auch gar zu konservativ –, schimmert aber durch die Zeilen des Textes oder findet in abwegigen Polemiken gegen den Feminismus Ausdruck, etwa wenn ihm Naivität vorgeworfen wird, weil er es als Fortschritt betrachtet, die »dekommodifizierte« weibliche Hausfrauentätigkeit durch die »kommodifizierte« weibliche Erwerbstätigkeit ersetzt zu haben. Man fragt sich nur: Wie kommt es, dass bei sicheren Arbeitsverhältnissen, stabilen Ehen und dekommodifizierter weiblicher Arbeit die Selbstmordraten, der

Pro-Kopf-Alkoholkonsum, die Krankschreibungen und die Invaliditätsberentungen stiegen (1950–1980), bei unsicheren aber sanken (1980 ff.)? Und wie kann man das vergessen?

Unter anderem dadurch, dass man das sogenannte »Normalarbeitsverhältnis«, also die unbefristete Vollzeitstelle sozialversicherungspflichtig Beschäftigter und die unbegrenzte Dauerunterstützung bei Arbeitslosigkeit zum Maß aller Dinge verklärt und Abweichungen davon zu neoliberalen Verirrungen (für eine andere Sicht siehe z. B. Münch 2001; 2002, S. 431 f.; 2009, passim). Fortschritte zählen nicht, nicht die in der Familie und nicht einmal die einfach feststellbaren im Wirtschaftsleben, wie etwa der umfassend verbesserte Arbeitsschutz, der Rückgang der Arbeitszeit, der Arbeitsunfälle, der Krankmeldungen, der Frühverrentungen sowie die Zunahme der bezahlten Urlaubstage.

Die relative Abnahme der unbefristeten Vollzeitstellen von damals 83 % auf heute 68 % wird häufig als Zerfall phantasiert, obwohl zwischen 1949 und 1973 fast die gesamte Bauernschaft verschwand, ohne dass deswegen die Gesellschaft zerfallen ist. Verkannt wird auch, dass die häufig als prekär bezeichneten Teilzeitarbeitsplätze von gut 80 % ihrer Inhaber als solche gewünscht werden und sie gerade *nicht* mehr arbeiten wollen. Vergessen wird weiter, dass in Deutschland mehr als 85 % aller Arbeitsverhältnisse bei über 25-Jährigen unbefristet sind. Und nicht hinreichend gewürdigt wird, dass die Flexibilisierung der Arbeit neue Arbeitsplätze geschaffen hat, die weder überwiegend »Schrottarbeitsplätze« sind noch alte sichere in neue unsichere umgewandelt hat. Man schaut nur auf die Abnahme des Normalarbeitsverhältnisses und leitet daraus seine »Erosion« ab (differenzierter z.B. Steuerwald 2016, S. 199 ff.), obwohl es dieses Modell ohnehin nur 15 Jahre lang gegeben hat – nämlich zwischen 1958, dem ersten Jahr der Vollbeschäftigung in der Nachkriegszeit, und 1973, der sogenannten Ölkrise. Es war also gar nicht normal, sondern historisch gesehen die Ausnahme. Die historische Normalität waren schon immer flexible Beschäftigungsverhältnisse (Pierenkämper 2009).

Die diesbezügliche historische Amnesie zeigt sich auch in aufgeheizten politisch-medialen Debatten um Leiharbeit und Werkverträge, die zu erheblichen Wahrnehmungsverzerrungen beitragen. Ihr Umfang wird dadurch enorm überschätzt. Eine einschlägige repräsentative Befragung aus dem Jahr 2013 ergab, dass 70 % der Befragten meinten, in Deutschland seien zwischen 20 % und 35 % aller Arbeitsverhältnisse Leiharbeitsverhältnisse. In Wirklichkeit waren es im Jahr 2012 gerade einmal 2 % (bezogen auf die Gesamtzahl von 42 Millionen Erwerbstätige) bzw. 3 % (bezogen auf 29 Millionen sozialversicherungspflichtige Arbeitnehmer). Hinzu kommen (geschätzt) eine Million Werkverträge, so dass die Gesamtheit der Zeit-, Leih- und Werkvertragsarbeit 4 bis 6 % beträgt – mit derzeit *sinkender* Tendenz (s. von Borstel 2015b, FAZ 2015).

Als Nachweis einer neoliberalen Fehlentwicklung wird weiter die sich angeblich immer stärker öffnende »soziale Schere« betrachtet. Damit ist unter anderem gemeint, dass die Einkommensverteilung immer ungleicher wird. Dies ist ein weites Feld, das hier nicht ausführlich behandelt werden kann. Ein Hinweis muss genügen. Nimmt man als Maß für die Einkommensverteilung den Gini-Koeffizienten (eine leicht zugängliche Definition findet sich bei Wikipedia), so kann man festhalten, dass sich sein Wert in Deutschland während der letzten 50 Jahre in einem engen Korridor zwischen 0,25 und 0,30 bewegte. Null bedeutet vollständige Gleichheit, d. h. alle verdienen gleich viel; 1 bedeutet vollständige Ungleichheit, d. h. einer verdient alles; ein Wert bis 0,30 gilt als indikativ für geringe Ungleichheit (Berger 2009, S. 88). Die historische Entwicklung für die letzten 50 Jahre ist wie folgt: 1963 betrug der Wert 0,3. Bis 1974 war er auf ca. 0,25 gesunken. Danach blieb er bis Mitte der 1990er Jahre weitgehend konstant. Zwischen 1997 und 2005 (in der Zeit der rot-grünen Regierung) stieg er auf 0,30. Zwischen 2006 und 2013 sank er auf 0,29. Für die folgenden Jahre gibt es noch keine definitiven Daten. (Eine Prognose-Studie der Bertelsmann-Stiftung kommt zu dem Ergebnis, dass die Ungleichheit bis ins Jahr 2020 weiter sinken wird; s. von Borstel 2015a.) Mit dem Gini-Wert von 0,29 ist zwar der historische Tiefstwert von 1974 nicht erreicht, aber der von 1963 unterschritten.

Auch die relative Armutsquote war damals höher als heute. Sie betrug (berechnet als 50 % vom Durchschnitts-/Medianeinkommen) im Jahr 1962 10,6 % (Schildt 2007, S. 33), im Jahr 2012 waren es nur 8,4 %. Die weit verbreitete Auffassung schließlich, es werde von unten nach oben umverteilt bzw. Umverteilung sei unwirksam, hält einer Überprüfung ebenfalls nicht stand. Der Gini-Koeffizient beträgt nämlich derzeit (letzte verfügbare Zahlen 2013) für Markteinkommen 0,49, *nach* Steuer und Transferleistungen aber nur noch 0,29. Dies bedeutet, dass Markteinkommen durch Umverteilung um etwa 40 % korrigiert im Sinne von egalisiert werden. Alle diese Daten rechtfertigen es nicht, einen vergangenen sozialen Kapitalismus mit einem vorherrschenden unsozial-neoliberalen zu kontrastieren.

Aus der Verklärung der Vergangenheit folgt indes unausweichlich, dass Politik *nicht* die zweifellos in mancherlei Hinsicht veränderte Gesamtlage akzeptieren und ihr durch pragmatische, oft als ideenlos gescholtene sozialpolitische Maßnahmen Rechung tragen sollte, um dadurch die Situation der Menschen zu verbessern. Die Politik sollte vielmehr dafür sorgen, die (wirtschaftliche) Lage so zu gestalten, dass sie wieder der früheren nahekommt. »Von hier aus ergibt sich die stetige Bezugnahme nicht auf eine bessere Zukunft, sondern auf die alte Welt der industriellen Strafkolonie als Welt verschwundener kollektiver Solidaritäten« (Ehrenberg 2010, S. 386). Streeck und mit ihm viele andere (auf hohem Niveau z. B. Castel 2009 und Judt 2010) kritisieren den Untergang einer Welt, an deren Verschwinden manches bedauerlich, aber vieles begrüßenswert ist. Das Bedauerliche vergrößern sie und das Begrüßenswerte verkleinern oder übersehen sie. Man könnte sie deshalb mit dem Philosophen Odo Marquard als »Analphabeten der Affirmation« bezeichnen. Ihre Sehnsuchtsformel ist die der Nostalgiker. Sie lautet: »Wann wird es endlich wieder so, wie es nie war« (Joachim Meyerhoff).

Die 30 wunderbaren Jahre des Nachkriegskapitalismus hat es nie gegeben – ebenso wenig wie die neoliberale Globalisierung eine Wiederkehr des Manchesterkapitalismus vergangener Zeiten ist. Auch die Qualifizierung zeitgenössischer Demokratien als Post- oder Fassadendemokratien (Crouch 2003, Streeck 2013) hält in dieser pauschalen Form einer empirischen Überprüfung nicht stand und wird selbst von Autoren kritisiert, die politisch eher der Linken zuzurechnen sind (z. B. Merkel/Krause 2015). Solche Kapitalismus- und Demokratienostalgie ist das Ergebnis eines schlechten Gedächt- nisses (gefördert vom Fehlen einer Sozialgeschichte der Armut im Wirtschaftswunder; s. Schildt 2007, S. 98), einseitiger Forschung (Merkel 2015b) sowie einer Projektion von Gegenwartsunbehagen in eine *vermeintlich* bessere Vergangenheit, die sich dagegen nicht wehren kann. Wenn man wie Crouch das goldene Zeitalter von Demokratie und Kapitalismus in die 1950er und 1960er Jahre ver- legt, so kann man sich über diese auf weiße heterosexuelle Männer zentrierte Sicht nur wundern und feststellen, dass Kinder, Frauen, Afroamerikaner sowie ethnische und sexuelle Minderheiten ihr kaum zugestimmt hätten (Merkel 2015a, S. 8; Nolte 2015, S. 200).

Und eine Neoliberalismuskritik, die Schweden zu einem der Repräsentanten neoliberaler Politik erklärt (so etwa Streeck 2013, S. 74), ist eine Verzerrung gegenwärtiger Entwicklungen, die die positiven Seiten von Liberalisierung und Globalisierung nicht sehen will (s. zu diesen z. B. Bhagwati 2007, Kenny 2011, Deaton 2013). Eine davon ist, dass im Zeitraum zwischen 1985 und 2013 die Ungleichverteilung der Einkommen im Durchschnitt der OECD- Länder zwar um etwa 10 % zugenommen hat (Anstieg des Gini- Koeffizienten von 0,29 auf 0,32), die Ungleichheit der Einkommen zwischen diesen und den Entwicklungsländern seit 1990/2000 aber *ab*genommen hat. Dies wird nicht einmal von politisch eher links stehenden Autoren bestritten (s. z. B. Milanovic 2011a; 2011b, S. 499; 2014, S. 45), wird sich in Zukunft vermutlich fortsetzen (Vries 2013, S. 317 f., 322 ff.), ist aber für Streeck der Diskussion ebenso wenig wert wie die Reduktion extremer globaler Armut (s. z. B. Deaton 2013, S. 247 ff. und Rödder 2015, S. 57 f.). Auch die nachgewiesenen positiven Wirkungen der Globalisierung im Be- reich der Durchsetzung von Menschenrechten, Minderheitenrech- ten und Geschlechtergleichstellung werden nicht thematisiert (s. dazu z. B. Heyne 2015). Die linke und antikapitalistische Globalisie- rungskritik berücksichtigt generell m. E. zu wenig, dass der kriti- sierte (neo)liberale Kapitalismus und die Globalisierung es immer- hin zustande gebracht haben, das ökonomische Nord-Süd-Gefälle bzw. die Armut in Entwicklungsländern zu verringern und darüber hinaus auch noch politisch-rechtliche Fortschritte in sich entwickelnden Ländern zu fördern. Andere Fortschritte seit 1990, meist im zweistelligen Prozentbereich, sind: verbesserte Schulbildung für alle, insbesondere für Mädchen, Rückgang der Kindersterblichkeit, der Frauensterblichkeit bei der Geburt, der HIV-Infektionen, der Malariainfektionen und -toten, verbesserter Zugang von Menschen im Allgemeinen und Slumbewohnern im Besonderen zu Trinkwasser und Elektrizität, drastischer Anstieg der Lebenserwartung u.v.a. Angesichts dieser unbestreitbaren Tatsachen kommt man nicht umhin, mit Deaton (2013, S. 325) festzustellen: »Die Welt ist ein besserer Ort als jemals zuvor in der Geschichte.« Die Fortschritte sind meist dort am größten, wo die Länder in den Prozess der Globalisierung eingebunden sind. Das Problem von Entwicklungsländern ist nicht die negative Betroffenheit von Globalisierung, sondern die mangelnde Beteiligung an ihr (Becker et al. 2007, S. 14).[3]

Seelische Entwicklungen zwischen 1945 und 1975

Veränderungen in den psychopathologischen Symptomen

Wie war nun die psychische Situation in den 30 Jahren zwischen 1945 und 1975? Nehmen wir ein Beispiel (s. Dornes 2012 mit einschlägiger Literatur zu den folgenden Ausführungen). Eine Untersuchung aus dem Jahr 1958 ergab, dass 61 % aller 10–11-jährigen Schulkinder mindestens *ein psychopathologisches Symptom* aufwiesen. Das kann man alarmierend finden, auch wenn man es nicht auf irgendeine Krise der Gesellschaft bezieht. Eine weitere Untersuchung zeigte, ohne auf die erste Bezug zu nehmen, dass im Jahr 1970 78 % mindestens ein solches Symptom aufwiesen. Auch das kann man alarmierend finden. Eine dritte Untersuchung aus dem Jahr 2005 zeigte, wiederum ohne auf die beiden anderen Bezug zu nehmen, dass 50 % ein Symptom aufwiesen. Wenn man diese Daten als Zeitreihen vergleicht, kann man feststellen, dass sich die Zahl der Symptomträger zwischen 1958 und 2005 *verringert* hat. Wenn man dies als Ausdruck von Krisen der Gesellschaft betrachtet, kann man schließen, dass sie sich anscheinend verringert haben, oder, falls sie zugenommen haben, es kompensatorische Mechanismen gab, welche die Krisen hinsichtlich ihrer symptomerzeugenden Kraft *gemindert* haben.

Über die Feststellung hinaus, dass ein Befund alarmierend ist und/oder Ausdruck einer nicht näher bezeichneten Krise, kann man noch versuchen, die *Art der Krise* zu spezifizieren. Das ist der Kern von Zeitdiagnosen.

Für 1958 etwa lautete die Zeitdiagnose, welche die »alarmierend« hohe Symptomatik erklären sollte: wachsender Verkehr und Straßenlärm, vom Wiederaufbau erschöpfte und nervöse Mütter sowie die »neuen« Medien, damals amerikanische Comic-Hefte. Das alles klang einst plausibel, heute nicht mehr. Wenn die Symptomhäufigkeit 1970 sogar noch höher war, so lag das entweder an verbesserten Untersuchungsmöglichkeiten, so dass wir Symptome finden, die wir damals übersehen haben (das ist eine meiner Lesarten); oder aber es müssen dieselben sozialen Ursachen nach wie vor vorhanden oder neue an ihre Stelle getreten sein, die das Gesamtbild sogar verschlechtert haben. Allerdings waren 1970 die alten Wiederaufbauerschöpfungserklärungen nicht mehr gefragt und andere soziale Ursachen wurden gefunden, die die Persistenz bzw. Zunahme der hohen Symptomatik erklären sollten. Die »linke« Zeitdiagnose lautete: Repressive Erziehung in einer autoritären Gesellschaft verursacht Symptome. Die »rechte« lautete: Permissive Erziehung in einer sich liberalisierenden Gesellschaft sei die Wurzel des Übels. Beide beanspruchten Plausibilität. Im Jahr 2005 gab es wieder andere Erklärungsversuche für die auf 50 % geschrumpfte Zahl von Symptomträgern, die als Schrumpfung aber gar nicht registriert wurde. Die Erklärungen reichten von steigendem Leistungsdruck bis zu sinkender Leistungsfähigkeit, von zu vielen Schulreformen bis zu zu wenigen oder falschen und deckten ebenfalls das gesamte Spektrum politischer Überzeugungen ab: vom neoliberal entgleisten Kapitalismus mit ständig steigenden, unerträglichen Leistungsanforderungen bis zum Mangel an Disziplin oder sinkender Leistungsfähigkeit/-bereitschaft aufgrund übermäßig verwöhnender Erziehung.

Veränderungen im Muster psychischer Erkrankungen

Auch wer nicht nur Einzelsymptome erfasst, sondern Krankheiten, traf bereits zwischen 1955 und 1960 auf (zunehmend) erschöpfte Individuen. Die prominenteste Erkrankung hieß »Managerkrankheit« und betraf nur eine Minderheit. Sie verbreitete sich jedoch schnell als »vegetative Dystonie« über die gesamte Bevölkerung. Dieser Proletarisierungsprozess ähnelt dem der Neurasthenie, die um 1890 zunächst vorwiegend die Oberschicht befiel, ab den 1920er Jahren aber auch Berliner Straßenbahnfahrer, die durch den zunehmenden Verkehr und ständig blinkende Ampeln neurasthenisch wurden. Entsprechend stiegen die Krankheitsziffern.

Die geschätzte oder dokumentierte Verbreitung der vegetativen Dystonie betrug Anfang der 1960er Jahre etwa 30 bis 50 %, was alle heutigen Burn-out- und Depressionsziffern in den Schatten stellt. Als Ursache galt wie schon 1890 bei der Neurasthenie die »Hochtourenzivilisation« vor allem in der Arbeitswelt, aber auch – und das war neu – im Freizeitverhalten, in dem sich jeder hektisch ins Vergnügen stürzte. Ab 1975 wurde diese Erklärung durch Stress als gefährliche Zivilisationskrankheit ersetzt. Diese Erklärung verschwand nach einiger Zeit ebenfalls wieder in der Versenkung und erlebte ab etwa 2005 ein *comeback*.[4]

In psychoanalytisch-akademischen Kreisen, die damals noch diskursführender waren als heute, sprach man Anfang der 1970er weniger über Stress als über frühe Störungen oder narzisstische Charakterzüge, die in unterschiedlicher Weise auf gesellschaftliche Verhältnisse zurückgeführt wurden: »Von links« waren es die in Trabantenstädten isolierten Mütter, die ihren Ausschluss vom Arbeitsleben und die Abwesenheit der arbeitenden Väter angeblich damit kompensierten, dass sie ihre Kinder symbiotisch an sich banden und ihnen das Erwachsenwerden erschwerten, weil die unaufgelöste

Symbiose zur Persistenz infantiler, entpolitisierender Größenphantasien beitrug (z. B. Ziehe 1975). »Von rechts« wurde für dasselbe Problem des Nichterwachsenwerdens die liberale Erziehung verantwortlich gemacht, weil sie zu Frustrationsintoleranz, Selbstbezogenheit und Ansprüchlichkeit führen sollte (z. B. Meves 1972). Die damalige Inflation der sogenannten frühen Störungen stützte sich weitgehend auf die Befunde national und international anerkannter Psychoanalytiker, ebenso wie die Zeitdiagnose einer »Kultur des Narzißmus« (Lasch 1979), die politisch höchst unterschiedliche Zuschreibungen miteinander verband. Lasch machte in seinem Weltbestseller eine kalte Mutter verantwortlich (psychologisch), eine vaterlose, durch zunehmende Scheidung zerfallende Familie und daraus resultierende Über-Ich-Defekte (eher konservativ), eine wachsende Entmündigung durch Bürokratien und Experten (eher weberianisch mit unklarer politischer Zuordnung) und einen enthemmten Kapitalismus, der mit seiner Verführungsmaschinerie noch jeden halbwegs Gezügelten in einen Konsumsüchtigen verwandelte (eher links).

Erst einige Zeit später dämmerte die Erkenntnis, dass nicht frühe bzw. narzisstische Störungen zugenommen hatten, sondern unsere Aufmerksamkeit für sie, dass sich die Diagnosesensibilitäten und -gewohnheiten verändert hatten und auch die Zusammensetzung der Patientenpopulation, die in psychoanalytischen Praxen auftauchte (der kanonische deutsche Text dazu ist Reiche 1991, wo sich erstmals auch ein Bezug auf epidemiologische Studien fand).

Die konzentrationsgestörten und nägelkauenden Kinder von 1958 waren 1970 kein Thema mehr, tauchten dann allerdings etwa 2005 als ADHS wieder auf. Die Narzissmusdiskussion entschlief um ca. 1985 eines sanften Todes, die einschlägigen Steigerungsbehauptungen wurden ad acta gelegt und befinden sich als Selbstoptimierung, Körperkult oder Selfie-Wahn derzeit in Wiederauferstehung – wobei häufig nicht klar ist, ob damit eine Stimmung, ein Symptom, eine Krankheit oder eine negativ zu bewertende kulturelle Praxis gemeint ist. Auch 1953 war schon von kleinen Tyrannen als Ergebnis einer zu weichen Erziehung die Rede, 1958 ebenfalls, 1980 erneut und 2000 ff. wieder, mit jeweils anderen soziologischen Erklärungsmustern: 1953 waren die Eltern zu nachgiebig, weil sie entweder vom Krieg oder vom Wiederaufbau erschöpft oder weil die Familien alleinerziehend waren (Vater gefallen oder in Kriegsgefangenschaft); 1958 waren die Erwachsenen durch zunehmende Konsummöglichkeiten infantil geworden, was sich im Jubeln beim Fußballspiel oder überhaupt in der Neigung zum Spielen zeigen sollte (damals begann das Lottospielen); 1980 waren sie zu nachgiebig, weil sie das Neinsagen im Zuge permissiver Erziehungsliberalisierung verlernt hatten; 2000 waren sie es, weil sie sich vor der erkalteten globalisierten Welt in die warme Symbiose mit ihren Kindern flüchteten und die Kinder dadurch zu mächtigen Tyrannen wurden – so ein beherzter Kurzschluss zwischen Erziehungs- und Gesellschaftskritik, die der eher wertkonservative Winterhoff (2008) als »linke« soziologische Hintergrundfolie für seine Erziehungskritik an symbiotischen Eltern verwendete.

Veränderungen kollektiver Stimmungen

Für jedes Jahrzehnt der deutschen Nachkriegsgeschichte lassen sich auch Erscheinungen einer Verunsicherung der *Gesamtgesellschaft* dingfest machen, die als soziale Stimmungen oder Befindlichkeiten für eine vermutete Zunahme psychischer Symptome oder Erkrankungen verantwortlich gemacht werden können. Hier ein Versuch in Anlehnung an Jacobi (2009, S. 20), immer nach dem Motto »Noch nie gab es so viele Umwälzungen wie in den letzten zehn Jahren, die die Seele belasten«:

Für die 1950er: Wiederaufbau, verweigerte Trauerarbeit angesichts der Nazi-Barbarei, heißer Krieg (Korea), Kalter Krieg, sowjetische Invasion in Ungarn – aber auch beginnender Wohlstand.

Für die 1960er: Kuba-Krise, drohender Weltkrieg, sowjetische Invasion in der Tschechoslowakei, Notstandsgesetze, Studentenrevolte – aber auch konsolidierter Wohlstand.

Für die 1970er: zwei Ölkrisen, steigende Arbeitslosigkeit, RAF-Terrorismus – aber auch sexuelle Emanzipation, Frauenemanzipation und Liberalisierung der Kindererziehung.

Für die 1980er: Nato-Nachrüstungsbeschluss, weiter steigende Arbeitslosigkeit, Atomkatastrophe von Tschernobyl, Invasion der Sowjetunion in Afghanistan – aber auch mehr Toleranz für sexuelle Minderheiten und Alleinerziehende.

Für die 1990er: Zusammenbruch des Kommunismus, Wiedervereinigung, Kuweit- und Jugoslawienkrieg – aber auch erweiterte Beteiligung der Frauen am Berufsleben und zunehmende Bildungschancen für vormals davon Ausgeschlossene.

Für die 2000er: Platzen der Dotcom-Blase, Islamistischer Terrorismus, 9/11, Krieg in Afghanistan und im Irak, Finanzkrise, Klimawandel – aber auch Konsolidierung der Wiedervereinigung und erstmals sinkende Arbeitslosenzahlen in Deutschland.

Was immer sich im Verlauf dieses halben Jahrhunderts psychosozial zum Guten oder zum Schlechten verändert hat, es hat jedenfalls nicht zu einer Erhöhung der kindlichen oder erwachsenen *Erkrankungshäufigkeiten* im Bereich des Seelischen geführt. Das ist die Befundlage der Epidemiologie: keine signifikante Zunahme psychischer Krankheiten. *Kollektive Gefühle, Stimmungen, Befürchtungen oder Hoffnungen* aber – in den 1950ern Kommunismusangst, in den 1960ern Atomkriegsangst, in den 1970ern Angst um die Sicherung des Wohlstandes, in den 1980ern dito, in den 1990ern Kriegsangst, in den 2000ern Terrorismusangst oder Klimaangst – sind etwas anderes als Krankheiten und führen auch nicht zu Krankheiten. Ihre Analyse liegt deshalb jenseits meiner Frage, ob psychische Krankheiten zugenommen haben. Dennoch will ich diese »Stimmungsdiagnosen« nicht unkommentiert lassen, denn sie sind Thema vieler Zeitdiagnosen, die ich als legitime Versuche der Selbstverständigung von Gesellschaften betrachte. Allerdings gehen sie m. E. zu häufig mit ungerechtfertigen Dramatisierungen und schlecht belegten Steigerungsbehauptungen einher. Aussagen über Erkrankungshäufigkeiten müssen grundsätzlich von Aussagen über Stimmungen unterschieden werden. Es ist ein Unterschied, ob ich behaupte, der Kapitalismus mache zunehmend depressiv oder ängstlich im Sinne einer Zunahme depressiver oder Angst*erkrankungen* oder im Sinne einer kollektiven *Stimmung* von Müdigkeit oder Ängstlichkeit. Beide Bereiche werden in Zeitdiagnosen häufig vermischt.

In seinem Buch »Die Gesellschaft der Angst« vertritt der Soziologe
Heinz Bude (2014) folgende These: Wir leben heute in einer Gesellschaft der individualisierten Abstiegsangst. Natürlich gab es auch
früher schon sozialen Abstieg und Ausschluss. Aber die damit einhergehende Angst der exkludierten Individuen wurde durch spezifische Gruppen- und Milieuzugehörigkeiten (Sozialdemokratie, ka-
tholisches Sozialmilieu) gemildert bzw. verarbeitet. Dies hat die
»Verlierer« insofern aufgefangen, als ihnen durch die Gruppenzugehörigkeit das Gefühl gegeben wurde, sie seien nicht allein (abge-
stürzt). Heute dagegen, nach Auflösung dieser Milieus, herrscht das
Gefühl vor, *als Einzelner* abgehängt zu werden. Bedingt durch
sozialstrukturelle Veränderungen hat sich die Abstiegsangst, auch
Statuspanik genannt, individualisiert.

Das finde ich einleuchtend. Individualisierung von Abstiegsangst
heißt nicht unbedingt Zunahme, sondern zunächst nur, dass sie ihre
Gestalt verändert hat und deshalb für die vom Abstieg Betroffenen
in einer *anderen Weise* präsent oder fühlbar ist. Man könnte die
Diagnose auch anders formulieren, dass nämlich die Abstiegsangst
zunimmt, weil *die Zahl* der Absteiger zunimmt. Ob das der Fall ist,
soll die Debatte um die schrumpfende Mittelschicht klären, die
bisher allerdings nicht zu eindeutigen Ergebnissen geführt hat. Man
könnte auch beide Feststellungen miteinander verbinden. Das
Grundproblem bleibt immer dasselbe: Wie stellt man die Verbreitung eines Gefühls (hier Abstiegsangst) verlässlich fest? Mit Umfragen? Mit einer Reihe von Einzelfallstudien, für die man dann Verall-
gemeinerbarkeit annimmt? Mit theoretischen Überlegungen, die
begründen, dass es plausibel sei, von einer Steigerung auszugehen,
und diese dann ergänzend mit anekdotischen Alltagsbeobachtungen
belegt? Wie ließe sich zum Beispiel feststellen, ob wir, statt in einer
Gesellschaft der Angst, nicht in einer Müdigkeitsgesellschaft leben
(Han 2010), einer hyperaktiven Gesellschaft (Türcke 2012), einer
unruhigen Gesellschaft (Klages 1975), einer schizoiden Gesellschaft
(Riemann 1975), einer narzisstischen Gesellschaft (Lasch 1979),

einer Borderline-Gesellschaft (Hanzig-Bätzing/Bätzing 2005) oder einer hysterischen Gesellschaft (Winterhoff-Spurk 2005)? Jede dieser Diagnosen lässt sich »irgendwie« plausibel begründen und ebenso plausibel bestreiten.

Wie auch immer: Die obigen Ausführungen machen deutlich, dass man Zeitdiagnosen auch so formulieren kann, dass sie nicht besagen, *psychische Störungen* hätten zugenommen, sondern dass sie besagen, diese oder jene *Stimmung* sei in den Vordergrund getreten, habe ihre Gestalt gewandelt oder zugenommen – also Niedergeschlagenheit, Müdigkeit, Hyperaktivität, Ängstlichkeit, Nervosität, die aber keine Erkrankungen sind.

Ich stehe allen einschlägigen »Gefühlsdiagnosen« skeptisch gegenüber, egal ob sie auf Müdigkeit, Angst, Hysterie oder sonstigem basieren, und werde noch skeptischer, wenn sie mit Steigerungsbehauptungen verknüpft werden, weil ich der Feststellung eines vorherrschenden oder gar zunehmenden Leit-, Lebens- oder zeittypischen Gefühls ebenso misstraue wie der einer Leitkrankheit (s. Dornes 2012, S. 391 f.). Ich habe Vorbehalte bezüglich der mit Stimmungsdiagnosen einhergehenden Methodologie, die meist dem Genre der Sozialreportage nahesteht (Bude) oder der des selektiven Interviews (Sennett 1998). Ich halte beide Genres für stark, insofern sie mittels Alltagsbeobachtungen oder Einzelfallstudien früh *mögliche* Probleme identifizieren können (bei Bude die Entdeckung einer neuen Form der Abstiegsangst), halte sie allerdings für schwach bei der Überprüfung der Generalisierbarkeit oder Quantifizierbarkeit der so zutage geförderten Befunde. Hier traue ich den konventionellen Methoden der empirischen Sozialforschung mehr zu (s. dazu ausführlicher Dornes 2012, S. 427 ff., wo das Problem als »soziologischer Spürsinn« versus »Datenpositivismus« diskutiert wird). Und ich halte Sozialreportagen, Alltagsevidenzen und sich darauf gründende Zeitdiagnosen für schwach bzw. zumindest für nostalgiegefährdet, weil sie zwar einerseits immer »neue Zonen der Verwundbarkeit« entdecken können, aber das Verschwinden von »alten Zonen der Verwundbarkeit« übergehen – und das vielleicht sogar unausweichlich, weil, wenn sie verschwunden oder geschrumpft sind, ja keine oder wenig Alltagsevidenzen mehr dafür existieren.

Dies ließe sich am Beispiel der Arbeitssoziologie zeigen, die den Prekaritätsbegriff als »neue Zone der Gefährdung« inflationiert hat, aber die geschrumpfte »alte Zone der Gefährdung«, nämlich die stechuhrenkontrollierte Strafkolonie der industriellen Arbeitswelt, kaum noch thematisiert. Sie kann deshalb auch nicht die neue gewachsene Zone der Gefährdung gegen die alte geschrumpfte Zone bilanzieren, was aber nötig wäre, um zu einem ausgewogenen Bild der Veränderungen zu kommen.

Aber selbst wenn es möglich wäre, mittels Sozialreportagen oder qualitativen Interviews nicht nur Probleme zu entdecken, sondern auch etwas über deren Vorkommenshäufigkeit oder Ausprägungsstärke zu sagen, könnte man immer noch nicht behaupten, wir lebten heute in einer Gesellschaft, in der die Angst*gefühle zugenommen* hätten. Der eventuellen Zunahme der Abstiegsangst korrespondiert nämlich eine Abnahme anderer Ängste, etwa *der* zentralen Sozialangst der 1950er und 1960er Jahre, nämlich der Angst vor der nuklearen Auseinandersetzung der Großmächte mit anschließender Totalvernichtung. Wir haben also schon damals in einer Gesellschaft der Angst gelebt – mit entsprechenden Zeitdiagnosen von Robert Jungk und Günter Anders –, aber es war eine andere Angst. Man könnte also sagen: Die Summe der Angst*gefühle* hat *nicht* zugenommen: a) entweder weil sich nur die Verarbeitung der Abstiegsangst verändert und deshalb nicht einmal die Summe der Abstiegsängste zugenommen hat; oder b) weil zwar die Gesamtmenge der Abstiegsangst zugenommen hat, diese aber vom Rückgang anderer Ängste kompensiert worden ist. »Positivistisch« ausgedrückt: Die Bruttoangst ist konstant geblieben, und dies mag ein Grund dafür sein, dass die jeweils zeitspezifischen sozialen Konflikte und Reibungsflächen, von denen oben (im Abschnitt über die Veränderung kollektiver Stimmungen) die Rede war, *nicht* dazu geführt haben, dass die Angst*erkrankungen* zugenommen haben.

Eine alternative Hypothese wäre: Kollektive Angst*gefühle* und Angst*erkrankungen* sind so verschieden, dass weder eine Zu- noch eine Abnahme von Angstgefühlen die Zahl der Angsterkrankungen wesentlich beeinflusst. Ich neige zu dieser Auffassung, weil Befragungen zu den großen Ängsten der Deutschen (Naturkatastrophen,

Terrorismus, schwere Erkrankung, schlechte Wirtschaftslage, eigene und allgemeine Arbeitslosigkeit etc.), die seit 1992 durchgeführt werden, Schwankungen im Summenwert der Ängste zwischen 38 und 51 Punkten ergaben, ohne dass deswegen die Angsterkrankungen im Zeitraum zwischen 1992 und 2015 zu- oder abgenommen hätten. Man kann aber auch die Zunahme der Abstiegsangst zumindest für die letzten zehn Jahre bezweifeln. Nicht nur der allgemeine Angstindex befand sich nämlich im Jahr 2015 auf einem Allzeittief (seit 1992, dem Zeitpunkt der ersten Befragung), sondern auch die Ängste vor eigener Arbeitslosigkeit, höherer Arbeitslosigkeit in Deutschland oder schlechter Wirtschaftslage haben seit ihrem Höhepunkt im Jahr 2005 um durchschnittlich 50 % *abgenommen*, und die Angst vor eigener Arbeitslosigkeit rangiert in der Reihe der 16 großen Ängste erst auf Platz 11, gerade einen Platz vor Drogensucht der eigenen Kinder (s. R+V Versicherung 2015). Nun gibt es in Bezug auf sozioökonomische Zukunftsängste auch andere Untersuchungen, die ein etwas anderes Bild zeichnen (z. B. Vogel 2009, Schöneck et al. 2011), aber darüber soll hier nicht entschieden werden.

Insgesamt sehe ich jedenfalls nicht, inwieweit Budes Diagnose einer Gesellschaft der Angst meinen Nachweis, dass psychische Erkrankungen (auch Angsterkrankungen) *nicht* zugenommen haben, in irgendeiner Weise tangiert oder falsifiziert (was von ihm auch nicht behauptet wird). Man kann allenfalls sagen, dass die beschriebene Veränderung im Angsterleben durch epidemiologische Untersuchungen nicht erfasst wird. Das halte ich für weitgehend zutreffend, aber das ist auch nicht ihre Aufgabe. So wenig Budes Sozialdiagnose einer »Gesellschaft der Angst« etwas über die Zunahme von Angsterkrankungen aussagt, so wenig sagt die Epidemiologie etwas aus über den Wandel oder die Zunahme von Sozialangstgefühlen. Kurz: Das epidemiologische und das zeitdiagnostische »Projekt« – sofern es nicht Aussagen impliziert wie: depressive oder Angst*erkrankungen* haben zugenommen, sondern sich auf die Verbreitung von Stimmungen beschränkt – verfolgen unterschiedliche Fragestellungen mit unterschiedlichen Methoden, die nicht ineinander überführbar sind.

Man kann auch, wie die Sozialphilosophin Rahel Jaeggi (2005), ein Buch über Entfremdung schreiben. Dennoch könnte man daraus, selbst wenn ich dieses Buch in jeder Hinsicht für gelungen halte, eines *nicht* ableiten: dass es nämlich einen Beitrag geleistet hat zu der Frage, ob psychische Störungen (im Kapitalismus) zunehmen. Das kann es nicht und das will es nicht, aus dem ebenso einfachen wie nachvollziehbaren Grund, dass Entfremdung keine Psychopathologie ist, sondern ein Phänomen, das sich weder mit den herkömmlichen diagnostischen Manualen noch mit einer wie immer gearteten psychologischen Diagnostik erfassen lässt.

Wenn also etwa Brede (2015, S. 753) meint, ich würde mit Hilfe der Epidemiologie versuchen, Kapitalismuskritik »in toto zu desavouieren«, z. B. eine Kritik, die auf »zeittypische Formen der Ausbeutung, Verelendung und Entfremdung« gerichtet ist, so täuscht sie sich. Das kann ich gar nicht. Und zwar deshalb nicht, weil Ausbeutung, Entfremdung oder Verelendung keine psychischen Störungen sind. Ich habe deshalb auch nirgendwo behauptet, dass eine Sozialkritik des Kapitalismus unmöglich oder unstatthaft sei, sondern nur, dass eine, die sich als Begründung auf zunehmende psychische Störungen beruft, auf Sand gebaut ist. Und ich sehe derzeit keine Befunde, die diese Schlussfolgerung in Frage stellen würden.

Ich habe zu den »zeittypischen Formen von Verelendung« allerdings oben einiges gesagt, etwa zu Armutsquoten, atypischen Beschäftigungen, Einkommensverteilung, aber die genannten Zahlen passen nicht so recht ins Bild neuer Verelendung. Ich kann auch zur Ausbeutung etwas sagen, nämlich dass dieser Begriff als *wissenschaftlicher* Begriff an die Marx'sche Arbeitswertlehre gebunden ist und die Aneignung des von den Arbeitern geschaffenen Mehrwerts durch die Kapitalisten bezeichnen soll. Weil aber die Arbeitswertlehre obsolet ist, was nicht einmal innerhalb der Linken bestritten wird, ist es auch dieser kapitalismusspezifische Ausbeutungsbegriff. Er ist deshalb allenfalls als moralische Kategorie geeignet und bedeutet dann so viel wie: »Ich werde miserabel bezahlt und/oder arbeite unter schlechten Bedingungen.« Das gibt es durchaus, nur ist das in keiner Hinsicht ein *kapitalismusspezifisches* Problem, wie jeder von Staatsautokraten ausgeplünderte Bauer in Afrika, jeder venezolanische Kleinunternehmer und jeder kubanische Arbeiter bestätigen kann.

Und was die Entfremdung angeht, so müsste gezeigt, nicht nur deklamiert werden, welche »neuen Formen« es denn gibt, wie also Entfremdung im Jahr 2015 sich von der auf dem Höhepunkt des wohlfahrtsstaatlichen Keynesianismus von 1970 unterscheidet oder von der um 1925 oder 1845, ob sie zugenommen, abgenommen, ihre Gestalt geändert hat. All das liegt jenseits *meines* eigentlichen Untersuchungsprogramms. Akzeptiert man die Begrenzung auf die Frage, ob psychische Krankheiten zugenommen haben, nicht, so könnte man gegen diesen Essay auch vorbringen, dass er sich beispielsweise nicht mit der Frage zunehmender Politikverdrossenheit befasst. Und meine Antwort wäre erneut: Das ist keine Psychopathologie oder Gesundheitsfrage und deshalb nicht Gegenstand meiner Überlegungen. Und wenn ich darüber hinaus etwas dazu sagen sollte, dann würde das so lauten: Zum einen sehe ich auch hier nicht, dass es ich dabei um ein kapitalismusspezifisches Problem handelt; zum anderen halte ich einen erheblichen Teil der Literatur zum Schwinden von sozialem und politischem Engagement für kurzschlüssig, weil er zu oft den Strukturwandel des Engagements mit einem Rückgang desselben verwechselt. Dazu habe ich mich wohlweislich an anderer Stelle geäußert (Dornes 2012, S. 279 ff.) und gerade nicht im Rahmen der Krankheitsfrage. Wer wie etwa Egloff (2015) alles Mögliche – von der Kommodifizierung über die Reifizierung bis zum Terrorismus – gegen meine Ausführungen in Stellung bringt oder wie Brede (2015) Verelendung, Ausbeutung und Entfremdung, betreibt Begriffsverwirrung, ähnlich wie derjenige, der zunehmende Abstiegsangst oder andere kollektive *Stimmungen* als Argumente gegen die These von den konstanten *Erkrankungs*-raten geltend machen würde.

Kapitel 4
Psychosoziale Entwicklungen
in der Gegenwart

Neue Chancen, andere Risiken

Von der Fremdbestimmung zu Freiheitsgewinnen:
Strukturwandel der Psyche

Meine Einschätzung der heute vorherrschenden psychischen Verfassung lautet so: Eindeutige Orientierungen sind zurückgegangen, Traditionen haben sich aufgelockert, ebenso das Über-Ich. Verschwunden sind sie nicht. Aber weil sie sich aufgelockert haben, sind wir befreit und zugleich mit der Notwendigkeit konfrontiert, uns stärker selbst zu steuern als früher. Das ist eine Aufgabe des Ich. Fremdzwang und Über-Ich-Steuerung werden vermehrt durch Ich-Steuerung abgelöst. »Wo Über-Ich war, soll Ich werden«, könnte man nach Freud paraphrasierend (»Wo Es war, soll Ich werden«) sagen. Ehrenberg (1998) sieht das ähnlich und meint, damit wäre eine zunehmende Zahl an Menschen überfordert – mit dem »Mehr« an Freiheitsmöglichkeiten und -zumutungen. Daran *kann* man scheitern. Da sehe ich ebenfalls so, aber ich sehe nicht, dass die Mehrzahl oder auch nur eine wachsende Zahl *faktisch* daran scheitert.

Wenn das Korsett von Traditionen und Zwängen, das sowohl einschnürt als auch stützt, weniger starr wird, muss die Muskulatur gekräftigt werden. Wenn die gleichermaßen stützende wie beengende Halskrause wegfällt, wird der Kopf beweglicher, bedarf dazu aber auch einer besser trainierten Muskulatur. Die weit verbreitete Rede vom neoliberalen Zwang zur Selbstoptimierung erfasst diesen Prozess häufig nur in seinen skandalisierbaren Formen wie (Hirn-) Doping oder kosmetische Chirurgie (zu Letzterer s. Dornes 2012, S. 139 ff.) und übersieht seine strukturellen Grundlagen. Sie haben mit Neoliberalismus wenig und mit wachsenden Freiheiten viel zu tun. Die zugleich verunsichernde und befreiende Enttraditionalisierung, auf die Fromm (1941) als Erster hinwies, muss psychisch durch erhöhte und in diesem Sinne verbesserte oder »optimierte« Selbststeuerungsfähigkeit der Individuen ausgeglichen werden – und genau das ist Ziel und Ergebnis moderner Erziehung. Sie führt zu mehr psychostruktureller Flexibilität und ist die Grundlage für Fähigkeiten wie Kreativität, Initiative, Ambivalenztoleranz und Komplexitätsbewältigung, die unerlässlich sind für die erfolgreiche Bewältigung des modernen Familien- und Arbeitslebens. Mit einer autoritären Charakterstruktur kommt man heute weder in der Familie noch bei der Arbeit zurecht.

Den Strukturwandel von der autoritären zur postheroischen Persönlichkeit habe ich andernorts in seinen vielfältigen Verzweigungen ausführlich beschrieben (Dornes 2010b und 2012, insbesondere Kap. 6) und fasse ihn deshalb hier nur kurz zusammen: In den letzten Jahrzehnten ist eine strukturelle Veränderung der Psyche festzustellen. Der »psychische Apparat« wird durch modernisierte Erziehungs- und Sozialisationspraktiken sowie ein Leben in enttraditionalisierten Gesellschaften einerseits autonomer und freier, andererseits auch etwas fragiler. Die psychischen Instanzen von Es, Ich und Über-Ich sind weniger gegeneinander abgeschottet als früher, der Charakter ist weniger starr, unter bestimmten Umständen aber auch weniger belastbar, die Verdrängungen sind reversibler und weniger endgültig. Die vormals autoritären Befehls- und Bevormundungsbeziehungen haben sich erheblich gewandelt und einer Demokratisierung des Beziehungslebens Platz gemacht. Die Chancen dieser Entwicklung bestehen in einem Abbau von Herrschaft und einem Zugewinn an persönlicher Autonomie. Sexuelle Repression, Bevormundung von Frauen und Kindern, Arbeit als bloß zu erledigende Pflicht und Autoritätsgehorsam im politischen und persönlichen Bereich werden gewissermaßen vormodern.

Dadurch entstehen Freiheitsgewinne und die Möglichkeit, all diese Bereiche humaner und demokratischer zu gestalten. Die unzweifelhaft verstärkte Selbstthematisierung moderner Subjekte muss also nicht unter einer Verfallsperspektive beschrieben werden (etwa:

»Narzissmus nimmt zu«), sondern kann auch unter der Perspektive wachsender Befreiung thematisiert werden. Die Risiken dieser Entwicklung bestehen vor allem in einer erhöhten Irritierbarkeit und Ablenkungsanfälligkeit des Subjekts, die die Kehrseite seiner Befreiung sind. Mit der vormaligen »Charakterstarre« geht auch ein Stück vermeintlicher oder tatsächlicher »Charakterstärke« verloren, wenn man unter Charakterstärke die unbefragte Abweisung (Verdrängung) störender Triebregungen versteht und die damit verbundene Fähigkeit und Bereitschaft »sich zusammenzureißen« – die allerdings auch mit vielen negativen Begleiterscheinungen wie Autoritätsgehorsam und Verlust seelischer Lebendigkeit einhergehen kann.

In meiner gemäßigt modernisierungsoptimistischen Sichtweise überwiegen die Chancen die Risiken. Im besten Fall verbindet der Typus der postheroischen Persönlichkeit die Merkmale einer flexibilisierten Stabilität mit denen einer gewachsenen Sensibilität und stellt insofern einen »Fortschritt« dar. Meine Kurzcharakterisierung der postheroischen Persönlichkeit lautet dementsprechend so: Ihre psychische Grundkonfiguration ist aufgelockert, ohne deswegen übermäßig fragil zu sein. Sie fühlt sich Werten verpflichtet, die sie aber nicht prinzipien- oder konformitätsgeleitet verwirklicht, sondern kontextsensitiv. Ihre Flexibilität ist nicht erzwungen, sondern psychisch verankert. Sie lässt vormals tabuierte Impulse zu und befindet sich in einem inneren Dialog mit ihnen. Ihre Flexibilität ist nicht Ausdruck von Angst, sondern der einer psychischen Verfassung, die nicht Anpassung, sondern einen Zuwachs neuer Selbst- und Weltgestaltungsmöglichkeiten impliziert. Wegen des hohen Tempos sozialer Wandlungs- und Enttraditionalisierungsprozesse ist die Psyche allerdings vermehrt auf Selbststeuerungsleistungen angewiesen und deshalb von Selbststeuerungs(über)anstrengungen stärker herausgefordert.

Insgesamt ist die zeitgenössische Persönlichkeit für diese Aufgabe hinreichend gerüstet, und die meisten Menschen können mit neuen Autonomieanforderungen angemessen umgehen – gerade *weil* sie liberal erzogen wurden. Die liberale Erziehung befördert nämlich bei der Mehrheit der Kinder nicht, wie in Teilen des Erziehungsdiskurses behauptet wird (z. B. Chasseguet-Smirgel 2001, Lerude 2006, Thompson 2007, Winterhoff 2008), symbiotische Illusionen, unersättliches Begehren, unreife Persönlichkeitsstrukturen, sondern im Gegenteil die Fähigkeit, mit mehr Triebfreiheit und mehr sozialer Freiheit gekonnt umzugehen. Die »stark« strukturierte (autoritäre) Persönlichkeit – ein Nachhall derselben findet sich bei manchen im Modernisierungsverzug befindlichen Migrantensubkulturen – ist damit überfordert. Ihr rigides Über-Ich ist den Versuchungen der modernen Freiheit nicht gewachsen; es kommt zu sporadischen oder häufigen Impulsdurchbrüchen oder zu einen Abwehr der Versuchung (z. B. durch Verhüllung des erregenden Objekts), weil damit nicht anders umgegangen werden kann. Das flexible Ich hingegen kann damit umgehen. Die Selbststeuerungs*anforderungen* sind gestiegen (auch im sexuellen Bereich), aber die Selbststeuerungs*fähigkeiten* ebenfalls. Allgemein: Die Gesellschaft erfordert mehr Flexibilität, und die Innenausstattung des Subjekts ist so beschaffen, dass sie diese auch erbringen kann. Was »von außen« geboten oder gefordert wird, kann »von innen« erbracht werden. Daran scheitern *manche*. Aber es scheitern nicht mehr als früher. Sie scheitern allenfalls anders.

Ich habe dieses Thema andernorts ausführlich behandelt (Dornes 2012, S. 318 ff., 343 ff.) und begnüge mich hier mit einer Skizze. Wenn der neue Sozialcharakter oder Persönlichkeitstypus der »postheroischen Persönlichkeit« flexibler und offener, aber vielleicht auch störungsanfälliger geworden ist, so könnte sich das in neuartigen psychischen Krankheitsbildern niederschlagen. Die vermutete Abnahme der klassischen Neurosen (Hysterie, Zwangsneurose, Angstneurose) und die vermutete Zunahme sogenannter »früher« Störungen (narzisstische und Borderline-Störungen, Abhängigkeitserkrankungen), also eine Veränderung der Krankheitsbilder, die in vielen psychoanalytischen Zeitdiagnosen behauptet wird, könnte mit diesem Strukturwandel zusammenhängen. Aber erstens ist die Abnahme- bzw. Zunahmethese selbst innerhalb der Psychoanalyse umstritten, weil sie vielleicht nur ein Artefakt veränderter klinischer Sensibilitäten und Diagnosegewohnheiten ist (Reiche 1991); und zweitens ist es methodisch äußerst schwierig, eine solche These überhaupt empirisch zu verifizieren oder zu widerlegen. Deshalb beschränke ich mich auf einige wenige theoretische Überlegungen, die illustrieren sollen, dass sich der soziale Wandel heute anders auf die Psyche auswirkt als früher.

Bereits für Gehlen (1956) überforderte die Auflösung institutioneller Zwänge die Individuen, die in diesem Fall mit ihrem chaotischen Triebleben und zu viel Eigenverantwortung konfrontiert sind. Auch Luhmann (1995) sieht in den neuen Freiheiten eine potentielle Überforderung des Einzelnen, weil ihm eine soziale Integrationslast aufgebürdet wird, die früher durch ein steuerndes Zentrum der Gesellschaft und dessen soziale Festlegungen gewährleistet war. Habermas (1998, 2005) erkennt in der Befreiung von einschränkenden Zwängen und verbindlichen Orientierungen eine »Ambivalenz wachsender Optionsspielräume«; soziale Integration bedürfe deshalb zusätzlicher Formen intersubjektiver Anerkennung. Garland (2001) sieht in der Bewältigung einer steigenden Komplexität des Arbeits- und Alltagslebens neue psychische Anforderungen, die die Individuen verunsichern, verletzlicher machen und zu einem höheren Planungs- und Organisationsaufwand zwingen. Reemtsma (2008) meint, mit der sozialen Ächtung von Gewalt, die mit dem Zivilisationsprozess verbunden ist, gehe die Gefahr einer »gesteigerten Traumatisierbarkeit« einher, weil ungewohnt gewordene Gewaltausbrüche zu einem erhöhten Sicherheitsbedürfnis führen. Kaufmann (2008) vermerkt den Widerspruch zwischen wachsender objektiver Sicherheit angesichts des Fortschritts in der Medizin oder des Ausbaus sozialer Sicherheitsnetze und der dennoch eintretenden zunehmenden subjektiven Verunsicherung, weil die Individuen ihre »feste« Einbettung in die Gemeinschaften des Nahfelds verlieren und sich nun von anonymen Institutionen abhängig fühlen. Für Ehrenberg (1998, 2010) lockert die »Verschiebung von der Disziplin zur Autonomie« zwar die Verhaltensvorschriften auf, stellt den Einzelnen aber auch vor ständige Entscheidungszwänge und verlangt ihm ein höheres Maß an Selbstverantwortung ab. Das kostet Mühe und kann »Unbehagen« auslösen. Aber es gehört für ihn zu den psychischen Kosten der Freiheit.

All diese heterogenen Überlegungen kann man dahingehend zusammenfassen, dass sie die Psyche in der einen oder anderen Form vor neue Freiheitsmöglichkeiten und Gestaltungszwänge gestellt sehen, die es früher so nicht gab. Sie sind riskant, belastend und man kann daran scheitern, zum einen, weil man sich ständig entscheiden muss, zum anderen, weil man sich deshalb auch falsch entscheiden kann. Dieses Problem ist neu und wurde früher durch Traditionsfestlegung sowie verbindlichere Rollennormen neutralisiert und so dem Einzelnen »erspart«. Wer wie früher am Fließband fremdbestimmt wurde, in Organisationshierarchien Anweisungen ausführte, ein vom Privatleben säuberlich getrenntes Berufsleben führte und in der Familie der eindeutigen patriarchalischen Rollenteilung folgte, musste sich über Verantwortung, Initiative, Entgrenzung von Arbeit und Privatleben, häusliche Arbeitsteilung und Mitspracherechte von Frauen und Kindern keine Gedanken machen. Aber wollen wir dahin wieder zurück? Selbst wenn wir es wollten, es ginge nicht mehr und es ist auch nicht nötig.

Der Zuwachs an Freiheits-, Entscheidungs- und Optionsmöglichkeiten wird zwar, wie hier beschrieben, oft als anstrengend betrachtet. Die Grundidee lautet: »Soziale Befreiung ist auch eine psychische Belastung« oder »Wer die Wahl hat, hat die Qual«. Aber das ist nur eine Seite des Problems. Die andere ist, dass Entscheidungsmöglichkeiten im Allgemeinen und ihr Zuwachs im Besonderen auch einen *entlastenden* Effekt haben, weil sie Fehlerkorrekturen erlauben. *Eine* Festlegung für lange Dauer – sei es in Beruf oder Ehe, sei sie selbstbestimmt oder traditionsbestimmt – ist riskanter als viele korrigierbare für kürzere Zeiträume. Wer früher einmal falsch entschieden hatte oder traditionsbestimmt im falschen Beruf gelandet war, litt ein Leben lang darunter. Insofern war die Lebensführung früher riskanter, und wir haben *damals* in einer Risikogesellschaft gelebt (Münch 2002, S. 427 f.). Die Selbstmordrate gilt als guter Indikator für soziale Desintegration und Fatalismus. Ihr Anstieg in der westlichen Welt zwischen 1950 und 1980 sowie ihre Abnahme seither kann als *ein Indiz* dafür betrachtet werden, dass sich das Gefühl grundlegender Ausweglosigkeit trotz oder gerade wegen zunehmender Freiheiten nicht erhöht, sondern vermindert hat, auch wenn diese mit neuen und vielfältigen (Mikro-)Orientierungsproblemen verbunden sind.[1]

Vom schützenden zum befähigenden Sozialstaat: Strukturwandel der Solidarität

Für die Arbeitswelt und den mit ihr verbundenen Sozialstaat gilt ebenfalls, dass es kein Zurück mehr geben kann, in diesem Fall kein Zurück mehr zum vormaligen Schutz. Der Königsweg des Schutzes besteht heute nicht mehr in der Alimentierung der Fußkranken, sondern in ihrer Befähigung zum Laufen. Wenn soziale Unterstützung in manchen Fällen, etwa bei Arbeitslosigkeit, nicht mehr unbefristet und unkonditional gegeben, sondern an Pflichten des Unterstützungsempfängers geknüpft wird, so kann man auch das kritisieren, etwa als Aktivierung, die den Einzelnen bevormundet, oder als Entsolidarisierung, weil nun der Einzelne angeblich vermehrt für Probleme verantwortlich gemacht wird, für die er nicht verantwortlich ist (s. z. B. Lessenich 2008, 2012; für eine andere Sichtweise s. z. B. White 2000, 2010).

Tatsächlich findet aber keine Entsolidarisierung statt, sondern ein Wandel der Solidarität. Auf die Arbeitswelt bezogen heißt das, dass die Überforderten nicht vor den Anforderungen geschützt, aus dem Rennen genommen und dann einer sozialstaatsfinanzierten Dauerrandexistenz zugeführt werden, sondern dass man sie nachqualifiziert und mit den Fähigkeiten ausstattet, die ihnen fehlen, damit sie am (Arbeits-)Leben teilnehmen können. Eine solche Auffassung wird häufig als »neoliberal« (ab)qualifiziert, aber ich sehe darin, ähnlich wie Münch (2001, 2009) und Ehrenberg (2010), keine Aufkündigung der Solidarität mit den Schwachen, sondern ihren Strukturwandel. Er ist bedingt durch einen Strukturwandel der Inklusion, der darin besteht, dass man früher stärker als Teil eines Kollektivs durch Verbände inkludiert wurde, wohingegen man heute mehr als Individuum über Bildungschancen inkludiert wird.

Diese individualisierte Inklusion findet sich auch im Privatleben. Wir kegeln und singen immer weniger im Verein, aber immer mehr in informellen Gruppen: nicht »bowling alone« (Putnam 1995), sondern »bowling together«. Freizeitaktivitäten werden nun allerdings stärker eigeninitiativ von Individuen organisiert und finden weniger im Rahmen von Vereinsmitgliedschaften zu festen Zeiten und an festgelegten Orten statt. Auch die Exklusion individualisiert sich. Es werden weniger als früher Gruppen oder Klassen »exkludiert«, die dann im »Klassenkampf« inkludiert werden, sondern eher werden Individuen aus heterogen gewordenen Milieus exkludiert, die dann auch individuell, aber über kollektiv zu verantwortende Verbesserungen ihrer unzureichenden Ressourcenausstattung inkludiert werden müssen.

Bude (2014) sieht in der Auflösung bzw. Pluralisierung von vormals homogenen Kollektiven oder sozialmoralischen Milieus eine Ursache dafür, dass mögliche Abstiegsängste heute freier flottieren. Sie werden nämlich nicht mehr durch Zugehörigkeit zu solchen Milieus abgepuffert, die die implizite Solidaritätsbotschaft senden »Du bist nicht allein«. Das ist einleuchtend. Wenn er dann allerdings das Problem in einem Interview (Bude 2015) wieder personalisiert und meint, die Regierungen Schröder und Merkel hätten den Begriff der Solidarität aussortiert, dann fällt er hinter seine eigene Analyse zurück, die ja nicht Personen oder Regierungen als treibende Kraft der veränderten Verarbeitung von Abstiegsängsten dingfest machen will, sondern soziokulturelle Veränderungen wie die individualisierte In- und Exklusion. Sie führt jedoch nicht zu einem Verlust der Solidarität, sondern zu deren Strukturwandel (s. dazu Dornes 2012, S. 277 ff.). Im Übrigen wird bei der Diskussion um Abstiegsängste, prekären Wohlstand etc. oft nicht hinreichend berücksichtigt, dass sie *auch* mit einem veränderten Bezugsrahmen zusammenhängt. In den 1950er und 1960 Jahren war die Frage: Wie kommen wir aus der Armut heraus? Das weckt keine Abstiegsängste, obwohl auch dabei manche auf der Strecke bleiben. Ist der Aufstieg erst einmal geschafft, so lautet die Frage: Wie erhalten wir den erworbenen Wohlstand? Anders ausgedrückt: Wer aufsteigen will oder kann, hat keine Abstiegsängste, wer schon aufgestiegen ist, sehr wohl.

Die individualisierte Inklusion führt auch zu einer Veränderung des Sozialstaates. Er ist nicht mehr konsumtiv, sondern investiv, nicht mehr (nur) schützend, sondern (auch) aktivierend und befähigend. Die Solidarität zielt jetzt nicht mehr vorwiegend darauf, die Schwachen kollektiv zu schützen, sondern darauf, sie individuell zu stärken, indem man ihnen ermöglicht, an einer Gesellschaft teilzunehmen, auf die sie nur ungenügend vorbereitet sind und in der sie deshalb schlecht zurechtkommen. Hier wird keine Verantwortung individualisiert und der Einzelne für sein Zurechtkommen ungebührlich verantwortlich gemacht oder »responsibilisiert« (Biebricher 2012, S. 175 ff.), denn nach wie vor ist die Gesellschaft verantwortlich, aber nicht mehr nur für den Schutz vor dem Markt, sondern vor allem für die Vermittlung von Fähigkeiten, die es den Individuen erlauben, am gesellschaftlichen Leben, und das heißt auch am Erwerbsleben, teilzunehmen. Neu ist allerdings, dass vom Individuum eine erhöhte Bereitschaft erwartet wird, an diesem Erwerb von Fähigkeiten aktiv mitzuwirken, also reziproke Solidarität zu üben und nicht nur solche zu empfangen (Näheres bei White 2000, 2010 und Eichenhofer 2012, S. 66 ff., 95 ff.). Dadurch wird auch die Dichotomie von Sozialstaat und Wettbewerbsfähigkeit eingeebnet: Sozialstaatliche Leistungen wie Umschulungen sind die notwendige Voraussetzung von Wettbewerbsfähigkeit, und Wettbewerbsfähigkeit ist die notwendige Voraussetzung der Finanzierung sozialstaatlicher Leistungen (Schirm 2013, S. 157 f.).

Das Konzept der Befähigung lässt sich im Übrigen unterschiedlich ausdeuten: eher marktliberal wie etwa beim Philosophen Wolfgang Kersting (2000a, 2009, 2012) oder eher sozialliberal, wie im *capability approach* seines Kollegen Amartya Sen (1999). Aber auch das marktliberale Konzept von Kersting, das Befähigung stärker auf die Teilhabe am Wirtschaftsleben bezieht und weniger auf eine davon (teil)unabhängige Befähigung zur politischen und sozialen Teilhabe (wie bei Sen und noch stärker bei anderen Autoren), ist mit dem Etikett der neoliberalen Responsibilisierung fehlattribuiert – und zwar schon aus dem einfachen Grund, weil auch Kersting die Marktbefähigung als *Aufgabe der Gesellschaft* betrachtet, die unter anderem durch die Herstellung von Chancengleichheit ins Werk zu setzen ist und deshalb gerade *nicht* auf die Formel reduziert werden kann, dass, wer nicht mitkommt, selbst schuld ist, wie etwa Engelmann (2015) meint.

Bei der beschriebenen Verschiebung vom Schutz zur Befähigung handelt es sich um eine Neugestaltung der Kollektivität, nicht um ihre Aufkündigung oder ihren Verfall (Ehrenberg 2010, S. 409 f.). Das primäre Ziel des Sozialstaats ist nun die Vermeidung von

Exklusion (durch Arbeitslosigkeit), nicht mehr die Sicherung des sozioökonomischen Status (durch Transferzahlungen). Befähigung erreicht im besten Falle beides: Sie reduziert das von der Arbeitslosigkeit ausgehende Exklusionsrisiko ebenso wie das von ihr ausgehende Statusrisiko. Dass dieses Programm, wie Münch (2015, S. 71 f.) meint, an seine Grenzen stößt und durch Rückkehr zu vermehrter Umverteilung ersetzt werden muss, kann ich nicht erkennen. Solange bei einer Arbeitslosenrate von 7 % die Rate von Akademikern 3 % beträgt, die von Menschen mit abgeschlossener Berufsausbildung 5 % und die von Personen ohne Ausbildung 19 % (Allmendinger 2015, S. 79 f.), ist das Programm der Befähigung mittels (Aus-) Bildung, sofern es sich nicht auf die Vermehrung von Zertifikaten beschränkt, noch lange nicht ausgereizt, auch wenn dies nicht der einzige Weg sein kann oder muss.[2]

Castel (2009, S. 367) findet das hier skizzierte Konzept eines zugleich ressourcenfördernden und aktivierenden Sozialstaats ein schönes Programm, das freilich leichter zu formulieren als zu realisieren sei. Das mag sein. Aber Castels Alternative ist noch schwerer zu realisieren und wird konsequenterweise von ihm selbst als »Quadratur des Kreises« bezeichnet, nämlich einen aktivierenden Sozialstaat mit der Wiederherstellung der schützenden Sozialsysteme zu verbinden. Was das konkret heißt, bleibt im Dunkeln, aber wenn eine Seite später davon die Rede ist, es gelte, der »Hybris des Kapitals Grenzen zu setzen«, so ahnt man, wohin die Reise gehen soll. Man fragt sich allerdings, worin diese Hybris besteht in einem Land wie Frankreich (Castel ist Franzose), in dem die Staatsquote zur Zeit der Publikation seines Buches bei 56 % lag, die wöchentliche Arbeitszeit bei 35 Stunden, das gesetzliche Renteneintrittsalter bei 60 Jahren, das faktische noch früher, die Zahl unbefristeter Vollzeitstellen bei 87 % und die Gewerkschaften sich zu 10 % aus Mitgliedsbeiträgen finanzierten, die anderen 90 % hälftig vom Staat und vom Kapital getragen wurden. Warum nicht von der Quadratur des Kreises Abschied nehmen?

Die Diskussion um die Befähigung wird vonseiten der politischen Linken ablehnend geführt. Entweder wird sie, wie bei Lessenich (2008, 2012), als neosoziale Umzingelung und Zwangsaktivierung schroff zurückgewiesen, oder sie wird, wie die oben referierte Bemerkung von Castel zeigt, ambivalent »begrüßt«. Bei ihm wird das Ziel, Menschen zu befähigen, rhetorisch bejaht, aber faktisch wird es nur als Notnagel betrachtet, dessen Gebrauch durch die Veränderungen vom keynesianischen Wohlfahrtsstaat zum Neoliberalismus erzwungen wurde. Beklagt wird der Verlust des Schutzes, der die Befähigung nötig macht, aber dass Befähigung ein wertvolles und auch unumgängliches Ziel sein könnte, wird nicht gesehen. Autonomisierung wird so nicht ernst genommen, sondern auf einen Mangel in der Gesellschaft zurückgeführt, die früher besser gewesen sein soll. Veränderungen sind nichts, was vor neue Herausforderungen stellt, die man bewältigen kann, sondern etwas, was einem aufgezwungen wird. Deshalb werden sie bevorzugt im Modus der Klage, nicht des Handelns beantwortet. Und wenn man handelt, dann nicht, weil man will, sondern weil man muss (Ehrenberg 2010, S. 462 f.).

Ein gehaltvoller Begriff von Autonomie sollte aber nicht nur den Erwerb neuer Fähigkeiten umfassen, sondern auch den Erwerb der Bereitschaft, »sich von sich selbst aus zu wandeln«. Auf dieser Bereitschaft beruht die Psychoanalyse und die Schwierigkeiten damit werden im Begriff der Abwehrmechanismen erfasst. Sie sind Maßnahmen, die die Psyche ergreift, um sich *nicht* verändern zu müssen. Ihre begleitete Durcharbeitung führt zur Bereitschaft, *sich ändern zu wollen*. Erst dann hat das Subjekt auch die Fähigkeit erworben, zum Agenten seiner eigenen Veränderung zu werden, und auch das sollte Ziel von Befähigungspraktiken sein. Das Ziel politischen Handelns sollte es sein, diese Befähigungspraktiken zu fördern *und* Bedingungen herzustellen, die den Erwerb und die Mobilisierung persönlicher Ressourcen begünstigen (Ehrenberg 2010, S. 466 f., 478; s. a. Ehrenberg 2007, S. 59 f.; 2009, S. 45 ff.; 2015, S. 14 f., 22 f.). Dies ist auch Ziel der Psychoanalyse. Sie will das Ich der Person nicht vor Konflikten schützen, sondern es so stärken/befähigen, dass es mit den Fährnissen des Lebens besser zurechtkommt, ist dabei aber auf die Mitwirkungsbereitschaft des Subjekts angewiesen. Insofern kann man das Konzept der Befähigung als durchaus psychoanalyseaffin betrachten und den damit verbundenen Ich-Aufbau bzw. die Ich-Stärkung als einen Aspekt von Befähigungspraktiken.

Mit der Betonung der Befähigung wird das Prinzip der individuellen Verantwortung hervorgehoben, aber sie wird nicht als Ersatz für kollektive Verantwortung aufgerufen, sondern die kollektive Verantwortung bleibt bestehen. Sie verlagert sich jedoch vom Schutz der Menschen auf die Verteilung und Vermittlung von Fähigkeiten, die sie in die Lage versetzen, sich selbst zu schützen. »In dieser Perspektive ist der Schutz nicht mehr der höchste Wert.« Er wird den Maßnahmen untergeordnet, die es den Individuen ermöglichen, solche Fähigkeiten zu entwickeln. Die sozialen Voraussetzungen von Autonomie werden entsprechend nicht mehr primär im Schutz gesehen, wie bei Castel (2009) oder Koppetsch (2010), sondern in der Vermittlung von Fähigkeiten, die es erlauben, die veränderten Anforderungen der (Arbeits-)Welt zu bewältigen und zu gestalten. Dies bedeutet eine »Neudefinition der Substanz der gesellschaftlichen Solidarität in einer Welt der Mobilität und allgemeinen Konkurrenz, die sich in den letzten dreißig Jahren durchgesetzt hat«. Das Leitprinzip sozialpolitischen Handelns besteht nicht länger in der Wiederherstellung vormaligen umfassenden Schutzes, sondern darin, beispielsweise durch massive Investitionen in die frühe Kindheit Risiken der Verwundbarkeit entgegenzuwirken (s. z. B. Heckman 2013). Man muss »von einer passiven und unwirksamen Verteidigung des Arbeitsplatzes zu einer aktiven Absicherung des Werdegangs von Personen übergehen«.

Die Perspektive des neuen Wohlfahrtsstaates ist dynamisch auf den individuellen Werdegang und nicht statisch auf die Absicherung des Status gerichtet. Der Ansatz geht über den Arbeitsplatz hinaus und betrachtet die gesamte Person und ihren Werdegang als Gestaltungsfeld – nicht weil er zur Psychologisierung neigt, sondern weil die Person und die Entwicklung ihrer Fähigkeiten (auch der persönlich-psychologischen, nicht nur der beruflichen) wichtig sind für die soziale und die Arbeitsmarktintegration. Seelische Gesundheit wird damit zu einer sozialen Angelegenheit. Nur eine so inspirierte Politik wird sich in Zukunft als effektiv erweisen, wenn es darum geht, »soziale Leiden« zu lindern oder zu verhindern, nicht aber Klagen über Sozialabbau oder neoliberale Zurichtung (alles nach Ehrenberg 2010, S. 475–478, dort auch die Zitate).

Ich habe oben gesagt, dass arbeitsbedingte Belastungen und Erkrankungen in den 1950er und 1960er Jahren wahrscheinlich nicht seltener (eher häufiger) waren als heute. Aber sie hatten andere Ursachen und andere Erscheinungsformen. Im fordistisch-tayloristischen Kapitalismus litten manche unter Disziplinierung, monotoner Arbeit, Passivität und hoher körperlicher Beanspruchung. Die daraus resultierenden Leiden nahmen die Form physischer Verschleißerscheinungen an. Sie überdeckten die sehr wohl auch vorhandenen psychischen Belastungen, die wahrscheinlich ebenfalls nicht geringer waren, aber im Unterschied zu heute stumm blieben. Im heutigen Kapitalismus leiden manche unter den erhöhten Anforderungen einer selbstbestimmten Lebensführung und der damit verbundenen Aufforderung zu Initiative und Aktivität, die auch die Arbeitswelt betrifft.

Und: Wer seine Arbeit *verliert*, muss mehr Aktivität zu ihrer Wiedererlangung zeigen. Das ist relativ neu. Das Ende der Vollbeschäftigung (1973 ff.) wurde lange verdeckt durch die Politik der Frühverrentung und die Dauerfinanzierung der Arbeitslosigkeit. Als die Sozialsysteme durch eine Kombination von Wachstumsschwäche, demographischer Entwicklung, steigender Arbeitslosigkeit und daraus resultierenden kontinuierlich steigenden Staatsschulden an ihre Grenze kamen, musste umgedacht werden. Es konnte nicht mehr darum gehen, Arbeitslosigkeit zu finanzieren, sondern arbeitslos Werdende wieder in Arbeit zu bringen.

Aber die Arbeitswelt hatte sich zwischenzeitlich verändert. War früher einfache körperliche Arbeitskraft knapp und entsprechend gefragt und bezahlt – sie musste sogar in Form von »Gastarbeitern« zusätzlich importiert werden –, so bestand nunmehr sinkender Bedarf. Steigender Bedarf bestand nach Fachkräften und Wissensarbeitern, auch weil die einfache Arbeit in Schwellenländer verlagert werden konnte. Die psychosoziale Seite dieser Profilveränderung der Arbeitswelt besteht darin, dass von denen, die an ihr teilnehmen, weniger Unterordnungsbereitschaft, Laufbahnsitzfleisch und Abstumpfung verlangt wird, dafür aber mehr Aktivität, Initiative und Beweglichkeit. Das gilt auch für die arbeitslos Gewordenen. Genügte es früher, dem Bau- oder Bandarbeiter eine neue Stelle zu vermitteln, so müssen heute neben den beruflichen Qualifikationen auch persönliche Kompetenzen wie Aktivität, Initiative und Flexibilität vermittelt werden, denn der Bauarbeiter muss vielleicht umgeschult werden und der neue Job verlangt neue *psychosoziale* Kompetenzen. Deshalb muss die Betreuung in einem umfassenderen Sinn psychoedukativ sein und das Subjekt ganz allgemein in die Lage versetzen, Chancen zu ergreifen. Diese Fähigkeit wird klassischerweise dem Unternehmer zugeschrieben. Jetzt soll jeder sie ausbilden. Er soll zum »Arbeitskraftunternehmer« (Voß/Pongratz 1998) oder zum »unternehmerischen Selbst« (Bröckling 2007) werden. Das wird als Skandal betrachtet, weil den Verlierern dadurch angeblich zugemutet wird, sich zu benehmen wie Gewinner. Aber es ist kein Skandal, sondern die notwendige Folge der Veränderung der Arbeitswelt und der damit einhergehenden individualisierten Inklusion. Früher war die Psychologie ein Zusatz zur Gesellschaftspolitik, heute ist sie deren integraler Bestandteil, und zwar deshalb, weil individuelle psychosoziale Fähigkeiten wie Teamfähigkeit, Kommunikationsfähigkeit und soziale Kompetenz für die Sozialintegration *und* die in den Arbeitsmarkt wichtiger geworden sind als früher (Ehrenberg 2010, S. 433 ff., 450 ff.).

Neue Formen psychosozialen Leidens

Neue Krankheiten bei Erwachsenen

Mit Aktivität, Initiative und Beweglichkeit hat das sogenannte Prekariat Schwierigkeiten. Wie sehen diese aus? Zur Illustration die folgenden Kurzbeispiele aus einem einschlägigen Artikel im Magazin *Der Spiegel* (2013a, S. 50): »Frau Fuß' letzter Mann war spielsüchtig, ihre Tochter ist depressiv. Verena ist vor vielen Jahren mal jemand in den Kran gerannt, den sie steuerte, der Mann wurde so schwer verletzt, er starb. Kochi hat zweimal dieselbe Frau geheiratet, weil er hoffte, sie betrüge ihn beim zweiten Mal nicht mehr. Birgits Exmann hat angefangen zu trinken, als er seine Arbeit im Stahlwerk verlor. Bärbel hat Bluthochdruck und Schuppenflechte, wahrscheinlich psychosomatisch. Ihre Mutter ist im vorigen Jahr in der Badewanne ertrunken, ihr Mann hat Krebs.«

Diese Menschen leiden nicht an klar definierten psychischen Krankheiten, die psychotherapeutisch zu behandeln wären, sie haben auch keinen Burn-out, weil sie von äußeren und inneren Leistungsansprüchen überfordert sind, sondern ihre Zustände sind Hybridbildungen mit einer »polymorphen Symptomatik«, die in epidemiologischen Untersuchungen nicht gänzlich erfasst werden können. Sie sind weder der Kategorie des klassischen Sozialfalls noch der des klassischen psychiatrisch-psychotherapeutischen Falls eindeutig zuzuordnen (Ehrenberg 2010, S. 443 ff.). Deshalb klagen sowohl die Psychiater (wie soll hier Psychotherapie helfen?) als auch das Sozialamt (was sollen hier Transferzahlungen nützen?).

Diesen Erwachsenen fehlen berufliche *und* psychosoziale Kompetenzen (oder sie sind verlorengegangen), die sie wieder in die Gesellschaft integrieren könnten. Früher hätte es vielleicht ausgereicht, sie in den stillen Eckchen des Arbeitsmarktes unterzubringen – als Pförtner, Parkplatzwächter, Postverteiler, Aktenverwalter. Aber diese stillen Eckchen sind kleiner geworden, und man kann sie auch nicht wiederherstellen, weil der Arbeitsmarkt solche Qualifikationen nicht mehr im selben Umfang wie früher nachfragt. Deshalb genügt diese Form der Problemverwaltung nicht mehr. Jetzt ist eine umfassende Betreuung notwendig, die nicht nur berufliche Qualifikationen vermittelt, sondern auch verlorengegangene oder nie erworbene Alltagskompetenzen. Auch das beschreibt der erwähnte *Spiegel*-Artikel in aller Deutlichkeit: Wie man dem Alltag eine Struktur gibt, wie man auf Kleidung und Frisur achtet, wie man am Sozialleben teilnimmt, sei es an Tanzkursen, Chorgesang, Sport oder Nichtraucherseminaren. Wer solchen Parallelwelten Zynismus oder vollständige Selbstbezüglichkeit vorwirft, hat die Situation der Leute nicht verstanden, und sie selbst wehren sich gegen solche Vorwürfe (*Der Spiegel* 2013a, S. 54). Das Ziel besteht darin, die Handlungsfähigkeit wiederherzustellen, um die

Menschen in Not wieder in Bewegung zu setzen, ins Spiel zu-rückzubringen, zu motivieren, berufliche Weiterbildungsangebote anzunehmen, neue persönliche Kompetenzen zu erwerben (Ehrenberg 2010, S. 452).

Hier lauert jedoch eine Gefahr. Drängt man zu sehr auf Progression, kommt es möglicherweise erneut zu psychischen Hemmungen. Hilfreich ist ein regressionstolerantes, aber dennoch stimulierendes Milieu. Genau das versuchen die Parallelwelten bereitzustellen: ein geschütztes Soziotop, das wieder an die Welt heranführt und Ich-Fähigkeiten vermittelt. Dazu ist (zunächst) keine konfliktorientierte Psychotherapie notwendig. Supportive Maßnahmen hingegen sind oft hilfreich. Bei diesen Menschen spielt die Analyse sicher auch vorhandener psychischer Konflikte für die Aktivierung dann keine primäre Rolle, wenn es nicht in erster Linie Konflikte sind, die sie hemmen, sondern eine Art Ich-Defekt, ein Mangel an Ich-Funktionen bzw. psychischen Ressourcen, nicht deren konfliktbedingte Stillstellung. Die Müdigkeit und Antriebshemmung rührt dann weniger von einem Konflikt zwischen Ich und Über-Ich her (klassische Depression: Schuldgefühle wegen Verbotsübertretung) und auch nicht von einem Konflikt zwischen Ich und Ich-Ideal (narzisstische Depression: Schamgefühle wegen Nichterreichung von Idealen), sondern von einem *Defizit, das die Gesamtpersönlichkeit betrifft.* Das Bild ähnelt dem von Spitz (1946) und Widlöcher (1983) beschriebenen Typus der Ich-Verarmungsdepression bei kleinen Kindern als Folge von Deprivationserfahrungen. Die Behandlung besteht in der Linderung des Defizits durch Ich-Aufbau – vulgo: Befähigung.

Natürlich sind Jugendliche und Erwachsene keine kleinen Kinder mehr, und ihre Defizite werden durch zahlreiche Konflikte über-lagert. Die psychoanalytisch orientierte Sozialarbeit macht deshalb zu Recht geltend, dass eine einseitige Ressourcenorientierung in Gefahr gerät, das Leid der Betroffenen nicht angemessen zu erfassen, und weiter, dass Menschen soziale Problemsituationen oft als Teil ihrer seelischen Störung aufrechterhalten und deshalb keinen Zugang zu ihren Fähigkeiten finden (Günter/Bruns 2010, S. 82 et passim). Dann ist nicht nur psychoedukative, sondern auch konfliktorientierte Beratung notwendig. All dies erfordert häufig lange und vielschichtige Interventionsmaßnahmen, deren Art und Umfang noch ausbaufähig sind.

Die in den Fokus tretenden Persönlichkeitsbeeinträchtigungen waren jedoch auch früher weder im kognitiven noch im affektiven Bereich kleiner oder seltener. Angesichts der vorherrschenden Erziehungsstrenge, der Härte des Lebens und der eingeschränkten Bildungs- und Therapiemöglichkeiten halte ich das für unwahrscheinlich. Aber sie traten anders in Erscheinung. Entweder wurden sie in der Sprache des alltäglichen Elends beschrieben oder sie spielten sich hinter zugezogenen Vorhängen ab, oder sie wurden durch die stillen Eckchen des Arbeitsmarktes maskiert oder durch das Korsett stützender Traditionen und Befehlsbefolgung latent gehalten. Die heute vorhandenen Mängel sind wahrscheinlich sogar geringer als früher, treten aber wegen der veränderten Anforderungen der Lebensbewältigung und der veränderten Sprache ihrer Beschreibung stärker und sichtbarer *als psychische bzw. psychosoziale Probleme* in den Vordergrund.

Als Bilanz dieser Überlegungen lässt sich festhalten: Man kann nicht sagen, dass arbeitsbedingte Beschwerden oder Erkrankungen zugenommen haben, aber man kann sagen, dass die schon immer vorhandenen diffusen Leiden an der Arbeit *eine neue Form* angenommen haben, in der sie als psychische Leiden in Erscheinung treten. Dabei ist Überforderung durch Arbeitsverdichtung, wie sie in der Burn-out-Diskussion zum Ausdruck kommt, das kleinere Problem. Das Hauptproblem wird hervorgerufen durch die neue Weise, eine Gesellschaft durch individualisierte Inklusion zu bilden, sowie durch die Zunahme der Bedeutung fachlicher und persönlicher Kompetenzen für die Arbeitsmarktintegration und die erhöhten Anforderungen an die Selbststeuerungsleistungen in flexiblen Arbeits- und Familienverhältnissen. Die erfolgversprechende Behandlung für die daraus resultierenden Schwierigkeiten besteht nicht in einer Restauration des alten Wohlfahrtsstaates, im Ausbau des Schutzes, der Wiederherstellung kollektiver Inklusion durch Gruppenzugehörigkeit und Verbände oder wieder stärker »formierenden« Familien, sondern in der Ausbildung und Förderung von Fähigkeiten, die es erlauben, die genannten Veränderungen zu bewältigen. Im Zentrum der Bewältigung steht neben fachlicher Qualifikation die Fähigkeit, aktiv und selbständig zu handeln. Der Mangel daran führt zu Problemen mit der Autonomie nach dem Ende der Heteronomie – und alle psychosozialen und sozialpolitischen Interventionen müssen in erster Linie diesen Mangel adressieren, nicht vorrangig Geldressourcen umverteilen oder Schutz restaurieren (Priddat 2003, S. 378 ff.).[3]

Neue Kinderkrankheiten

Eine vergleichbare Veränderung wie bei manchen Erwachsenen wird auch für manche Kinder diskutiert (Kurzüberblicke bei Schlack 2004, 2013a, Fegeler/Roman-Jäger 2013). Als typische Familiensituation, in der eine »Neue Morbidität« entsteht, wird folgende beschrieben: 1. Wenig sprachlicher Austausch (was zu Sprachentwicklungsbeeinträchtigungen führt); 2. wenig Interaktion (was zu Beeinträchtigungen der Emotions- und Verhaltensregulation führt); 3. viel Fast- und Junkfood-Ernährung, die im »grasenden« Modus eingenommen wird, was heißt, dass es keine geregelten Essenszeiten gibt, sondern das Kind durch die Wohnung streift und sich nach Bedarf mit diesen Mahlzeiten und süßen Getränken bedient; 4. stundenlanges Ruhigstellen des Kindes vor dem Fernseher oder anderen Bildschirmen (was zusammen mit der Ernährungsweise zu Adipositas und kognitiven Entwicklungsbeeinträchtigungen führt). Die Autoren sprechen zusammenfassend von »anregungsarmen Familien«, die einschlägig beeinträchtigte Kinder als Resultat eines Defizits in der primären Sozialisation hervorbringen und vorwiegend der Unterschicht entstammen.

Das Symptombild entspricht weder dem der klassischen Kinderheilkunde (akute körperliche Erkrankungen), noch dem der klassischen Kinder- und Jugendpsychiatrie (Neurosen und Psychosen), sondern ist polymorph und durch einzeltherapeutische Maßnahmen nicht recht zu erreichen. Konventionelle Sozialhilfe in Gestalt von Geldtransfers hat ebenfalls wenig Wirkung.

Es gibt indes auch Autoren und Untersuchungen, die sich von direkten und unkonditionalen monetären Transfers eine Verbesserung der Situation von Kindern in Armutsfamilien versprechen, insbesondere bei Alleinerziehenden mit kleinen Kindern. Dieser Frage sollte weiter nachgegangen werden. Einen Kurzüberblick geben Hucklenbroich (2013) und Putnam (2015, S. 134, 246 f.). Die Grundidee dieser Richtung ist, dass Geldmangel zu Stress führt und dieser die Eltern daran hindert, sich angemessen um die Kinder zu kümmern. Eher skeptisch gegenüber monetären Transfers ist Heckman (2013, mit Pro- und Kontrakommentaren im Buch), weitere einschlägige Literatur wird referiert bei Bernau (2012) und Lindsey (2013, S. 50 ff.). Die Grundidee der Skeptiker ist, dass es soziokulturelle Mängel sind – wie fehlende Bildungsorientierung der Eltern, fehlendes Wissen oder mangelnde Fähigkeiten, sich angemessen um kindliche Bedürfnisse zu kümmern –, die hauptsächlich für das Zurückbleiben der Kinder verantwortlich sind. Erfolgversprechender als Geldtransfers sind in dieser Sichtweise die Befähigung der Eltern, der Ausbau familienexterner (früh)kindlicher Förderangebote sowie die Sicherstellung von deren Inanspruchnahme.

Entsprechend schlagen Fegeler/Roman-Jäger neben dem Ausbau der Prävention vor, auch im Bereich der Familienarbeit aktiv zu werden und beispielsweise durch Einrichtung von niedrigschwelligen Familienzentren ein Angebot zu schaffen, das diese Familien mit anderen Erziehungspraktiken vertraut machen kann. Oft ist eine umfassende Betreuung notwendig, denn was soll eine Stunde Logo- oder Ergotherapie in der Woche gegen 100 Stunden Sprach- und Bewegungsarmut ausrichten? Hier müssen Kinderärzte und Kinderpsychiater mit Sozialarbeitern und Familienzentren zusammenarbeiten und ein Netzwerk von Institutionen und Professionen entwickeln, allein schon um den Interventionsbedarf festzustellen und noch mehr, um Verbesserungen zu erzielen. Allerdings können bei noch kleinen Kindern und in leichteren Fällen bereits geringe Interventionen mit beispielsweise sechs Seminaren zu jeweils zwei Stunden positive Auswirkungen auf die kognitive Entwicklung und somatische Gesundheit haben (Schlack 2013b, S. 86 f.).

Auch die neue Morbidität ist indes so neu nicht. Die Explosion von Teilleistungsstörungen beruht, wie Fegeler/Roman-Jäger einräumen, häufig auf gestiegenen Sensibilitäten für minimale Normabweichungen (s. ebenfalls Hauch 2015). Generell kann man feststellen, dass Kinder in den 1950er und 1960er Jahren *mehr* Symptome aufwiesen als heute (Dornes 2012, S. 420f.). Dennoch kommen die »neuen« Bilder heute öfter *beim Kinderarzt* vor als 1970. Die geschätzte Häufigkeit stärker Gefährdeter beläuft sich auf etwa 10 % (Schlack 2013a, S. 84). Wahrscheinlich ist dies deshalb so, weil einschlägig belastete Kinder damals gar nicht dem Kinderarzt vorgestellt wurden, denn der wurde nur bei akuten Erkrankungen konsultiert oder es gab keinen; und regelmäßige Frühuntersuchungen, bei denen solche Auffälligkeiten entdeckt werden können, existieren erst seit 1971. Insofern ist die neue Morbidität sicher zum großen Teil die Aufdeckung einer schon immer vorhandenen, aber nicht wahrgenommenen alten Morbidität, die in Gestalt von Erziehungsproblemen existierte, die jedoch nicht behandelt und schon gar nicht als Krankheiten verstanden wurden. Deshalb sollte man auch hier Zunahmebehauptungen mit Zurückhaltung betrachten und eher von einem Gestaltwandel der Fehlerziehung ausgehen als von deren Zunahme. Insgesamt befindet sich nämlich die gesundheitsbezogene Lebensqualität von Kindern und Jugendlichen in Deutschland nach Einschätzung von Eltern, Fachleuten, aber auch der Kinder selbst auf einem hohen Niveau (Ellert & KiGGS Study Group 2014, Hölling & KiGGS Study Group 2014b).

Schluss

Die in diesem Essay dargestellten Befunde zu Krankheitshäufigkeiten, Suizid, Alkoholkonsum und Lebenszufriedenheit seit 1980 legen nahe, dass die zeitgenössischen Subjekte den Veränderungen in Familie und Arbeit überwiegend gewachsen sind. Ich schätze die Zahl der Problemfälle auf 15 bis 20 %, die Mehrzahl davon im unteren Bevölkerungs- und Beschäftigungssegment (Richter 2003, Kap. 3, Eschmann et al. 2007, Mauz/Jacobi 2008, Kroll et al. 2011, Schlack 2013a). Dies geht, wie die Vergleiche mit den 30 Nachkriegsjahren zeigten, in keiner Weise über die Problemfälle jener Jahrzehnte hinaus. In Anbetracht der dargestellten Befundlage kann auch nicht davon die Rede sein, heutzutage würden große Teile der Bevölkerung, vor allem in der Mitte und im oberen Beschäftigungssegment, psychisch verelenden (so z.B. Voss/Weiss 2013, S. 48 f.; ähnlich Voß 2010). Und einen »Infarkt der Seele« durch »Exzess der Leistungssteigerung« (Han 2010, S. 55) gibt es schon gar nicht. Im Gegenteil: Das körperliche und psychische Allgemeinbefinden ist hierzulande auf einem »sehr hohen Niveau« (Robert Koch-Institut 2012, S. 30). Dies gilt auch im Vergleich mit anderen Ländern. Im EU-Vergleich etwa liegt Deutschland bei der psychischen Lebensqualität hinter den Niederlanden und Norwegen auf dem dritten Platz (ebd.).

Deshalb sollte man gelegentlich ausufernde Katastrophenszenarien, sei es über Depression, Burn-out, psychische oder materielle Verelendung, Erziehungsnotstand, Helikptereltern etc. mit einer gewissen Skepsis betrachten. Man kann sie ernst nehmen als Hinweise auf neue Problemlagen, aber man sollte sie auch als Symptom und Anzeichen für einen Sensibilitätszuwachs verstehen, der ein neues Problem mit sich bringt. Wenn auch Befindlichkeitsstörungen oder leichtere Erkrankungen psychotherapeutisch behandelt werden, so lässt sich das damit rechtfertigen, dass ihr Sich-Auswachsen zu Krankheiten oder, bei leichteren Erkrankungsformen, deren Chronifizierung bzw.

Verschlechterung verhindert werden soll. Die Kehrseite davon ist, dass dadurch die Ressourcen für die Behandlung wirklich bzw. schwer Kranker verknappt werden können. Diese Vermutung wird durch neuere Studien bestätigt, deren Fazit lautet: Schwererkrankte werden unterbehandelt, Menschen mit leichten Symptomen überbehandelt (Schmacke 2012, S. 11 f.; Blech 2014a, S. 58 f.; 2014b). Auch darüber kann man streiten und weitere Versorgungsverbesserungen fordern oder zumindest gezieltere. Nicht streiten kann man über folgendes Phänomen: Je genauer wir hinsehen – auf Kinder, Beziehungen, psychosoziale Versorgung, Arbeitswelt, Gleichstellung von Minderheiten – und je empfindsamer wir die noch verbliebenen Mängel registrieren, desto größer wird die Gefahr, aufgrund immer bestehender Unvollkommenheiten und in Fokussierung auf sie, die Fortschritte zu übersehen, die erzielt wurden. In der Nacht *möglicher* Problemlagen werden alle Katzen grau. Statt zu sagen: »Wir haben schon viel erreicht und manches bleibt noch zu tun«, was durchaus Raum lässt für Sozialkritik, (er)finden und diskutieren wir täglich neue, oft ausufernde Benachteiligungs- und Bedrohungsszenarien.

In einem wohltuend nüchternen Beitrag stellt Schmacke (2012, S. 12 f.) fest, dass es keinen Anlass zur Dramatisierung des Themas der Häufigkeit psychischer Erkrankungen gebe, dass der Trend zur Fehldeutung psychischer Störung als neuer Bedrohung oder gar dramatischer Epidemie mehr Schaden als Nutzen stiften könnte und dass die meist angeführten Überforderungsursachen wie neue Medien, Technologien oder steigende Arbeitsintensität geradezu absurd seien, wenn man an die Belastungen früherer Generationen denke; und Jacobi (2012), immerhin einer der renommiertesten Epidemiologen Deutschlands, spricht von einer bloß »gefühlten Zunahme« psychischer Störungen und einem »Hype um die kranke Seele«. Klärungsbedürftig ist also nicht mehr, *ob* psychische Krankheiten zugenommen haben – sie haben es *nicht* –, sondern allenfalls, warum es diesen Hype gibt.

Die vielfältigen Gründe dafür können in diesem Essay nicht ausgelotet werden (Überlegungen dazu bei Dornes 2010a und 2012, S. 244 ff.). Das Prinzip medialer Berichterstattung »good news are no news and bad news are good news« spielt in mediengesättigten

Gesellschaften sicher eine Rolle, ebenso der strukturelle Pessimismus alternder Gesellschaften, das gestiegene soziokulturelle Wandlungstempo, die gewachsene Sensibilität für Diskriminierungen und psychische Belastungen sowie die gesunkene Bereitschaft, sich mit existierenden Unvollkommenheiten abzufinden. Wie immer man diese Situation bewertet, der vorliegende Essay sollte jedenfalls zu einem realistischen Blick auf psychische Problemlagen beitragen und zeigen, dass eine Sicht auf die Gesellschaft als psychiatrisches Krankenhaus und auf die Individuen als (zunehmend) überfordert nicht begründet ist.

Aber selbst in ihrer übertriebenen Form kann man auch dramatisierenden Debatten mit gutem Willen noch eine sozialintegrative Funktion zuschreiben (s. Sloterdijk 2011, S. 11 ff.). Indem wir uns in gemeinsamer Besorgnis über alles Mögliche beugen und in täglichen Talkshows ununterbrochen über tatsächliche oder phantasierte Probleme reden, halten wir die Gesellschaft in Form einer Sorgen- und Erregungsgemeinschaft zusammen. Selbst wenn man diese Betrachtungsweise nicht vorbehaltlos teilt, weil andere sozialintegrative Mechanismen dabei zu kurz kommen, wird hier, was selten genug ist, auch einmal die mögliche positive Funktion von Stresszuwächsen thematisiert.[1]

Ich beschließe diesen Essay mit der grundsätzlichen *politischen* Einschätzung des englischen Soziologen James Fulcher (2004, S. 178 f.), die lautet: »Die Suche nach einer Alternative *zum* Kapitalismus … ist verlorene Mühe. Die sozialistische Alternative hat ihre Glaubwürdigkeit eingebüßt, die heutigen antikapitalistischen Bewegungen scheinen nirgendwohin zu führen, weil sie keine glaubwürdige und konstruktive Alternative bieten … Wer die Welt reformieren will, sollte sich auf das Veränderungspotential *innerhalb* des Kapitalismus konzentrieren. Es gibt unterschiedliche Kapitalismen und der Kapitalismus hat in seiner Geschichte viele Transformationen erlebt. Um Reformen durchzuführen, muss man sich jedoch auf den Kapitalismus einlassen. Bewegungen, die außerhalb stehen, können keine Reformen verwirklichen« (ähnlich Kocka 2013, S. 124, 128). Daran hat sich auch seit der Finanzkrise von 2008 ff. nach meinem Dafürhalten nichts geändert.

Anmerkungen

Haben psychische Erkrankungen zugenommen?

1 Roberts et al. (1998), Becker/Sartorius (1999), Richter (2003, S. 223 ff.), Richter et al. (2008), Richter/Berger (2013), Eschmann et al. (2007), Mauz/ Jacobi (2008), Jacobi (2009, 2012), Jacobi et al. (2014), Lieberz et al. (2011), Barkmann/Schulte-Markwort (2012), Kurth et al. (2012), Robert Koch-Institut (2012, 2013), Busch et al. (2013), DAK-Gesundheitsreport (2013), Frances (2013), Blech (2014a), Genz/Jacobi (2014a, b), Hölling und KiGGS Study Group 2014a).

2 Entsprechend heißt es bei Frances (2013, S. 130 f.): »Eine Theorie besagt, dass unsere psychischen Störungen deshalb zunähmen, weil wir unter dem extremen Druck einer beschleunigten, anstrengenden Gesellschaft leben ... Diese Hypothese ist schwer zu widerlegen, überzeugend finde ich sie nicht ... Das Leben war immer auf die eine oder andere Weise anstrengend, und daran wird sich auch nichts ändern ... Der Mensch ist von Natur aus stabil und widerstandsfähig. Epidemien im eigentlichen Sinn haben wir in der Psychiatrie nicht erlebt; es wird lediglich der Begriff der Krankheit immer weiter ausgedehnt.«

3 Es ist nicht auszuschließen, dass die jüngste wirtschaftliche Krise in manchen der besonders schwer betroffenen Länder einen Effekt hat, worauf die zwei Depressionsstudien aus Griechenland sowie derzeit erhöhte Suizidzahlen für Spanien hinweisen (s. Richter/Berger 2013, S. 176). Generell gilt, dass massive und mit großer Wucht auftretende soziale und ökonomische Veränderungen insbesondere in ärmeren Ländern, in denen die sozialen Sicherungssysteme wenig(er) ausgebaut sind – wie beispielsweise in der Sowjetunion nach 1989, in der Asienkrise von 1997/98 oder derzeit in Griechenland – auch individuelle Krisen hervorrufen können, die wiederum, etwa über erhöhten Alkoholkonsum, zu einer Verschlechterung des Gesundheitszustandes führen oder erhöhte Suizidraten zur Folge haben können (Uutela 2010). Jedoch wird auch vom Gegenteil berichtet. Seit der Krise von 2008 leben beispielsweise die Isländer gesünder (unter anderem wegen gesunkener Einkommen). Sie rauchen und trinken weniger, essen weniger Fastfood und Süßigkeiten, konsumieren weniger zuckerhaltige Limonaden und schlafen mehr (Asgeirrsdottir et al. 2012). Dieses Muster entspricht Befunden eines Zweiges der *Public-Health*-Forschung, der sich intensiv mit dem gesundheits*förderlichen* Effekt von Wirtschafts*abschwüngen* befasst (unter Titeln wie: »Why recession is good for your health« oder »hy a booming economy can break your heart«). Darauf kann ich hier nicht näher eingehen. Einschlägige lesenswerte Überblicke sind die von Catalano et al. (2011) und Suhrcke/Stuckler (2012). Einen Kurzüberblick gibt Beck (2014).

4 Das erste diagnostische Manual (DSM) von 1952 umfasste 106 psychische
Krankheiten, das zweite (DSM-II) von 1968 schon 188, im dritten (DSM-III)
von 1980 waren sie auf 265 angewachsen und im vierten (DSM-IV) von 1994
auf 297. In den Jahren zwischen 1952 bis 1994 hat sich also die Zahl möglicher psychischer Erkrankungen knapp verdreifacht. Diese Entwicklung setzt
sich fort. Das neueste DSM-V von 2013 enthält 400 Krankheiten. Aber nicht
nur die Zahl möglicher Erkrankungen hat zugenommen, sondern auch die
Schwellenwerte für ihre Diagnose wurden kontinuierlich herabgesetzt. Im Jahr
1980 (DSM-III) musste man noch eine bestimmte Zahl von depressiven
Symptomen ein Jahr lang aufweisen, um als depressiv diagnostiziert zu werden,
im Jahr 1994 (DSM-IV) genügten dafür bereits zwei Wochen. Neben den in
diagnostischen Manualen erfassten psychischen Krankheiten gibt es noch
Hunderte von anderen, teils fraglicher Natur: vom »Adonis-Komplex« über die
»Idiopathische umweltbezogene Intoleranz« bis zum »Verminderten sexuellen
Verlangen«, übersichtlich zusammengestellt bei Brähler/Hoefert (2015).

5 Weitere Daten über den Zusammenhang von Versorgungsdichte und Diagnosehäufigkeit gerade bei Depressionen gibt es auf Länderebene. In Bayern und
Baden-Württemberg etwa ist die Arbeitslosigkeit gering, das Pro-Kopf-Einkommen, die Lebensqualität sowie die ärztliche Versorgungsdichte sind hoch, und
entsprechend sind es die Depressionsdiagnosen. Umgekehrt verhält es sich im
Osten Deutschlands. Dort ist die Arbeitslosigkeit höher, das Pro-Kopf-Einkommen, die Lebensqualität und die Arztdichte sind niedriger und die Häufigkeit
der Diagnose Depression ist nur halb so hoch wie in den beiden genannten
Bundesländern (Blech 2014b). Es scheinen also weniger die Lebensumstände zu
sein als der Versorgungsgrad mit Ärzten, der bei Krankenkassenuntersuchungen
die Diagnosehäufigkeit bestimmt. Dasselbe gilt für die Verschreibungshäufigkeit
von Antidepressiva, die mit dem Versorgungsgrad ebenfalls steigt (Depressionsatlas 2015, S. 27 f.).

6 Die Situation ist vergleichbar mit einem Problem in der Armutsforschung,
nämlich der Festlegung eines Kriteriums. Legt man als Kriterium für Armut
50 % des Durchschnitts- bzw. Medianeinkommens fest, so ergeben sich für
Deutschland derzeit 8 % Arme, legt man 60 % als »cut-off-point« fest,
ergeben sich 15 % Arme. Die Armut in der Wirklichkeit ist aber immer
gleich und verändert sich nicht durch Veränderungen der Schwellenwerte,
die man für ihre Erfassung festlegt. Dieses Problem kann man teilweise
durch andere Armutserfassungsmethoden lösen, etwa durch Festlegung von
Grundgütern, über die jemand verfügen muss, um nicht als arm zu gelten.
Indessen ist die Festlegung, welche und wie viele Grundgüter unentbehrlich
sind, ebenfalls wieder von einer begründeten Vereinbarung oder Umfragen
abhängig, so dass das Problem der Armutserfassung nie unabhängig von
irgendeinem Maßstab behandelt werden kann, obwohl wirkliche Armut
unabhängig von jedem Maßstab existiert. Dasselbe gilt *mutatis mutandis* für
psychische Erkrankungen.

1 Gelegentlich finden sich auch Kassendaten, bei denen die Diagnosehäufigkeit *über* der Realprävalenz liegt. Dies ist für ADHS durchweg der Fall, für Depressionen gelegentlich (z. B. bei Erhart/von Stillfried 2012).

2 Weitere Überblicksarbeiten stammen von Bonde (2008), Netterstroem et al. (2008), Rau (2010a, b), Backé et al. (2012) und Kivimäki et al. (2012), ein guter Sammelband von Angerer et al. (2014). Sennetts Thesen zur flexiblen Arbeitswelt (1998), in der die Stetigkeit von Erwerbsbiographien abnehmen soll, wird in den psychosozialen Professionen meist als quasi kanonische Darstellung betrachtet, in der fachsoziologischen Diskussion ist sie kontrovers (contra: Mayer et al. 2010; pro: Grimm et al. 2013). Seine weitergehende Behauptung, dass eine flexible Arbeitswelt zu einer Zerstörung des Charakters führt, ist wenig überzeugend, weil sie Charakterveränderungen überwiegend als Reaktion auf Veränderungen der Arbeitswelt betrachtet und keine Vorstellungen über Prozesse psychischer Strukturbildung in der primären Sozialisation enthält, die für Überlegungen zum Charakter unerlässlich sind. Der Autor verfügt, ähnlich wie andere Soziologen oder Psychologen, die eine »situative Identität« als Ergebnis flexibler Lebensverhältnisse postulieren (z. B. Rosa 2005, Kap. XI), auch über keine angemessene Vorstellung von der Beharrungskraft psychischer Strukturen (s. dazu Bohleber 2009, S. 217 f. und Dornes 2012, S. 178 ff.). Dies schließt nicht aus, dass flexiblere Beschäftigungsverhältnisse mit veränderten Mentalitäten bzw. Einstellungen (zur Arbeit) einhergehen, aber solche Einstellungen sind etwas anderes als Charakterstrukturen.

3 Wachsende Hektik, Beschleunigung, technische Innovationen, zunehmende Konkurrenz, steigender Erfolgsdruck wurden schon um 1890 für die explosionsartige Zunahme der Neurasthenie(diagnosen) verantwortlich gemacht (s. Radkau 1998, Hofer 2005, Roelcke 2005, Blom 2008), um 1955–1960 für die sogenannte Managerkrankheit und die vegetative Dystonie – geschätzte Verbreitungshäufigkeit damals 30 bis 50 %, vermutete Ursache: »Hochtourenzivilisation« und »nervenabnutzende Arbeit im Großraumbüro« – sowie um 1975 für das »Phänomen Stress«. Es sollte einer Titelgeschichte des Magazins *Der Spiegel* (1976) zufolge den Fortbestand der menschlichen Gattung gefährden (für Details siehe Kury 2012, Kap. 6–8).

4 Die Befundlage dazu ist allerdings heterogen. Ebenso oft wird von Arbeitskonflikten berichtet, die zuerst kommen und dann auf die Paarbeziehung durchschlagen (Rau et al. 2010a, S. 105 f.) oder von bloß additiven Effekten (Siegrist/Siegrist 2014b, S. 87 f.). Ulrich Hegerl, Vorsitzender der Stiftung Deutsche Depressionshilfe, ist der Auffassung, dass Arbeitsüberforderungen nur selten Auslöser von Depressionen sind. Häufiger sind es Änderungen im Lebensgefüge wie Verluste, aber auch positive Ereignisse wie eine bestandene Prüfung oder Urlaub. Er warnt deshalb vor Berufsaufgabe und Frühberentung, die das Leiden oft nur verschlimmern, und plädiert statt dessen für ein reduziertes Arbeitspensum bei Verbleib im normalen Berufsalltag (in: n-tv/dpa 2015). An anderer Stelle (ref. nach Dostert 2015) sieht er ebenfalls keine Belege dafür, dass die Zahl der an Depressionen erkrankten Menschen zugenommen hat. »Die Gesellschaft geht nur offener damit um.«

5 Die psychoanalytische Entsprechung zu Summers Konzeption ist Freuds

Theorie der Ergänzungsreihe (am besten dargestellt in Freud 1916/1917). Sie misst sozialen Ereignissen insofern krankheitsrelevante Bedeutung bei, als solche Ereignisse die in Konstitution und/oder Kindheit grundgelegten Vulnerabilitäten zum Vorschein bringen, die ohne solche Ereignisse latent geblieben wären. Deshalb werden auch nicht alle, sondern nur entsprechend anfällige Individuen bei Objektverlust oder anderen belastenden Ereignissen depressiv. Ist die Vulnerabilität groß, so bringt schon ein minimales Ereignis die Krankheit zum Ausbruch, ist sie gering, so bedarf es eines starken Ereignisses oder einer dauerhaften Überbelastung (kumulatives Trauma). Um eine Entscheidung zu treffen, ob die endogenen oder exogenen Faktoren größere Bedeutung haben, müsste im Prinzip immer der Einzelfall untersucht werden. Summers Theorie ist eine Alternative zur Theorie der Ergänzungsreihe, weil ihre Krankheitstheorie sich auf pathogene *gegenwärtige* Kognitionen und deren Umarbeitung beschränkt und eine Analyse ihrer lebensgeschichtlichen Genese für entbehrlich hält.

6 Wer wissen will, ob Depressionen in Frankreich zugenommen haben, ist mit dem Aufsatz von Kovess-Masfety et al. (2009) besser bedient. Die Autoren stellen für den Zeitraum zwischen 1991 und 2005 in einer Pariser Region, die ein Fünftel der französischen Bevölkerung umfasst, eine Konstanz depressiver Erkrankungen fest, eine Abnahme des Konsums psychotroper Substanzen, eine Abnahme der Suizide, eine Abnahme des Alkoholkonsums, aber eine Zunahme depressiver Klagen wie die über Lustlosigkeit. Die Konstanz der Erkrankungen bei Zunahme der Klagen verstehen sie als Ergebnis eines Sensibilisierungs-effekts, dem eine ebenfalls festgestellte zunehmende Aufgeschlossenheit für Psychotherapie entspricht. Für Subgruppen ergaben sich kleinere Schwankun-gen. So ist das Depressionsrisiko im untersuchten Zeitraum für Alte und Frauen gesunken, für Alleinstehende und Arbeitslose gestiegen.

7 Für diejenigen, die mit diesen Manualen nicht vertraut sind, ist vielleicht folgender kurzer Hinweis hilfreich. Unter der Kategorie »Majore Depression« wird im DSM erfasst, was früher »Neurotische Depression« hieß. Im ICD wird dies unter »Depressive Episode« und »Depressive Störung« klassifiziert. Hinzu kommt in beiden Manualen die »Dysthymie«, also die chronische, als krankheitswertig betrachtete Niedergeschlagenheit. Durch Zusatzkodierung kann auch die früher sogenannte somatisierte oder larvierte Depression ausgewiesen werden. Dabei handelt es sich um eine Form der Depression, bei der die psychischen Leitsymptome in unterschiedlicher Stärke in somatische Symptome wie Übelkeit, Appetitverlust oder Schlafstörungen konvertiert werden.

8 Die Steigerung des Verbrauchs von Antidepressiva liegt im Trend einer allgemeinen Steigerung des Medikamentenverbrauchs. Er findet sich bei blutdruck- und cholesterinsenkenden Mitteln ebenso wie bei Antidiabetika. Zurückgeführt wird das zum Teil auf die wachsende Zahl von Übergewich-tigen, zum Teil auf verbesserte bzw. ausgedehntere Vorsorgeverfahren, mit denen erhöhte Werte früher entdeckt werden, zum Teil auf die Absenkung von Schwellenwerten etwa für hohen Blutdruck. Im Bereich der körperlichen Diagnose und Medikation gibt es also eine ähnlich Entwicklung wie bei der Diagnose und Therapie psychischer Erkrankungen. Derselbe Trend findet sich auch bei chirurgischen Eingriffen, etwa in Gestalt der Zunahme von Hüft-,

Knie- und Kataraktoperationen. Manche davon werden als überflüssig betrachtet mit dem Hinweis auf länderspezifische (Über-)Steigerungsraten. Das Argument, die Gesundheitsindustrie lebe wie jeder Geschäftsbereich von der Ausdehnung ihres Umsatzes, hat durchaus etwas für sich und kann einzelne Fehlentwicklungen erklären, nicht aber den Gesamttrend, der für alle Länder derselbe ist, selbst wenn ihr Gesundheitssystem wie in England verstaatlicht ist oder spezielle Anreizsysteme wie Boni für Mehroperationen fehlen.

9   Wie viel von dem eingenommen wird, was verschrieben und produziert wird, ist unklar. Die *compliance* bei der Einnahme psychoaktiver Medikamente gilt als niedrig, die *non-compliance*, also die Nichteinnahme verschriebener Medikamente, wird auf bis zu 75 % geschätzt. Sie wird gefördert durch eine dramatisierende öffentliche Berichterstattung über vermeintliche oder tatsächliche Nebenwirkungen. Daraufhin werden die Medikamente oft unkontrolliert abgesetzt, was mit erheblichen Gesundheitsschäden und Todesfallzahlen einhergeht. Manchen Schätzungen zufolge führt eigenmächtiges Absetzen zu einer um das Doppelte höheren Schädigungsrate als alle Nebenwirkungen. Einen ähnlichen Effekt haben (über)lange Beipackzettel, so dass in beiden Fällen der aufklärende Aspekt auch einmal zusammen mit seinen schädlichen Nebenwirkungen in den Blick genommen werden sollte. Im Übrigen besagen zunehmende Produktionsmengen ohne nähere Präzisierung wenig über die Zunahme der Personenzahl, die Medikamente einnehmen. Die Zahl der Personen kann auch konstant bleiben, weil die Steigerung der Produktionsmenge durch Erhöhung der Dosis oder Verlängerung der Anwendung bei bereits medikamentierten Patienten »absorbiert« wird oder durch steigende Bevölkerungszahlen.

10 Die Begriffe Haus- und Raubtierkapitalismus entnehme ich Streeck. Die beschriebenen Sachverhalte gelten auch für noch länger zurückliegende Zeiten. So berichtet Radkau (1998, S. 182) beispielsweise, dass zwischen 1855 und 1875 der Verkauf von Bromkalium in der Pariser Zentralapotheke wegen zunehmendem Stress, wachsender Nervosität und anhaltender Erschöpfung um das 200-Fache stieg, was alle heutigen Steigerungszahlen in den Schatten stellt.

11 Man kann natürlich ganz allgemein die Auffassung vertreten, dass heutzutage zu viele Medikamente verschrieben bzw. eingenommen würden und sich für Veränderungen in der Lebensführung (z. B. mehr Sport und Bewegung) sowie für eine Verstärkung der »sprechenden Medizin« einsetzen. Manche der mit mir befreundeten Ärzte und Psychiater sind dieser Meinung. Sie begründen damit aber keine Kapitalismuskritik, sondern sehen darin eine vielfältig bedingte Fehlentwicklung innerhalb des Gesundheitssystems, die im Rahmen dieses Systems reformierbar ist. Unabhängig davon scheint es mir schwierig, wenn nicht unmöglich, den »richtigen« Medikamentengebrauch festzulegen. Darauf kann ich hier jedoch nicht näher eingehen. Im Übrigen sollte noch erwähnt werden, dass viele Patienten – die Schätzungen schwanken hier zwischen einem und zwei Dritteln – lieber Medikamente einnehmen, als ihren Lebensstil zu verändern und/oder Psychotherapie zu machen.

1 Die Risiken *und* Chancen der damit einhergehenden veränderten Form der Personalführung von Weisung und Kontrolle zu indirekter Steuerung durch Kennziffern und verstärkter Selbstführung werden vorbildlich dargestellt bei Krause et al. (2012). Dort finden sich auch konkrete Vorschläge zur Risikominimierung.

2 Zu systematischen Daten, die die 1960er Jahre mit den 2000ern vergleichen und in nahezu jedem Bereich Verbesserungen feststellen – etwa hinsichtlich des realen Pro-Kopf-Einkommens, der Wohnfläche und Wohnqualität, der Konsumgüterausstattung, der Umweltqualität, der Lebenserwartung, der Gesundheit, der inneren und äußeren Sicherheit – siehe den Kurzüberblick bei Fetchenhauer/Enste (2012, S. 4 ff.). In einem Gedankenexperiment ausgedrückt: Wenn eine Zeitreisemaschine uns in die 1950er oder 1960er Jahre zurückversetzen könnte, würden die meisten von uns sagen: »So wollen wir *nicht* leben.«

3 Die beste Kritik an Streeck (2013) findet der interessierte Leser bei Plumpe (2014), weitere Kritiken im Journal of Modern European History (Heft 1/2014; Streeck repliziert im Heft 2/2014); lesenswert sind auch die Beiträge in der Soziologischen Revue (Heft 1/2014) und die »linke« Besprechung von Deutschmann (2013, ausführlicher 2014), selbst wenn man seine Auffassung, die Finanzmarktkrise offenbare den Bankrott des marktliberalen Denkens, nicht teilt, sondern die eher gegenteilige favorisiert, dass nämlich die Politisierung und dadurch bedingte Fehlregulierung der Märkte durch Regierungen und von ihnen beeinflusste Banken eine wesentliche Mitursache war. Die m. E. beste Darstellung der multiplen und komplexen Ursachen der Finanzkrise gibt Rajan (2010). Seine Darstellung ist allerdings schwerpunktmäßig auf die US-amerikanische Situation zentriert. Wer auch die europäische Problemlage genauer verstehen will, wird von Sinn (2010, 2012) umfassend informiert. Wem dessen Sichtweise zu neo- bzw. ordoliberal ist, der kann als Kontrastfolie die keynesianisch inspirierten Bücher von Bofinger (2010, 2012) zu Rate ziehen. Für Liebhaber theoretischer Randpositionen können »von rechts« die misesianische Deutung bei Bagus (2011) und Hülsmann (2013) empfohlen werden, »von links« die postkeynesianische bei Palley (2012) oder die finanzsoziologisch-staatswissenschaftliche bei Peukert (2013). Die Idee, die Finanzkrise von 2008 ff. sei durch die zunehmende Ungleichheit der Einkommensverteilung innerhalb von Ländern mitverursacht worden, wird von manchen Autoren verneint (Atkinson/Morelli 2011, Bordo/Meissner 2012, Aiginger/Guger 2013), von anderen bejaht (Stockhammer 2011, van Treeck/Sturn 2012). Die Einseitigkeiten von Theorien wie Postdemokratie, Fassadendemokratie, simulativer Demokratie, unpolitischer Demokratie etc. werden in verschiedenen Beiträgen des Buches von Merkel (2015) thematisiert und relativiert. In ihrem zentralen Theoriebeitrag zu diesem Band betonen Kocka/Merkel (2015) allerdings m. E. zu sehr die negativen Auswirkungen der Globalisierung auf die Einkommensungleichheit in den entwickelten Ländern bzw. die Reduktion der Macht zur Umverteilung innerhalb von Nationalstaaten. Von stark wachsender Einkommensungleichheit kann in den OECD-Staaten kaum die Rede sein, allenfalls von moderat wachsender (Ungleichheitszunahme von 10 % in 28 Jahren im Durchschnitt aller Länder; s. o.). Ebenso wenig kann von einem Mangel an Umverteilung

innerhalb von Deutschland die Rede sein (40 % Einkommensegalisierung durch Umverteilung; s. o.). Das Problem liegt eher in der wachsenden Ungleichheit der Primäreinkommen, also der Einkommen *vor* Umverteilung. Dem ist aber nur qualifikationspolitisch beizukommen, nicht umverteilungspolitisch. Gänzlich unerwähnt bleibt die Verringerung der Einkommensungleichheit zwischen den entwickelten und den sich entwickelnden Ländern. Außerdem wird die Erosion der Steuerbasis – sei es durch Steueroptimierung, Steuerhinterziehung oder Steuerwettbewerb – überbewertet. Sie beträgt verschiedenen Schätzungen zufolge etwa 10 % für Hinterziehung und Optimierung, was im Umkehrschluss heißt, dass 90 % der geschuldeten Steuern selbst von Großkonzernen, die Gestaltungsmöglichkeiten haben, bezahlt werden. Auch der Steuerwettbewerb, der oft als *race to the bottom* beschrieben wird, hält sich in Grenzen. Dies ergibt sich u. a. aus der Tatsache, dass zwischen 1965 und 2003 der Anteil der Gewinnsteuern von Kapitalgesellschaften (Konzernen) am Bruttoinlandsprodukt in den Ländern der OECD und den EU-15-Kernländern *gestiegen* ist, was gegen die These zunehmend schwieriger Besteuerungsmöglichkeiten international mobilen Kapitals spricht (Grözinger 2006, S. 10 f., 19 ff.; 34; s. a. Plümper et al. 2009). Generell gilt: »Auch wenn die Körperschaftssteuersätze reduziert wurden und durchaus ein Wettbewerbs- und Anpassungsdruck nach unten festzustellen ist, kann nicht von einem systematischen Steuersystemwettbewerb gesprochen werden« (Becker et al. 2007, S. 43). Auch ein (sozial)staatlicher Rückzug aus der Wirtschaft ist weltweit nicht erkennbar. Dagegen spricht, dass im Durchschnitt von 186 untersuchten Ländern im Zeitraum zwischen 1970 und 2004 die Staatsquoten gestiegen, nicht gesunken sind (Rödder 2015, S. 56) und die Sozialausgaben in Wohlfahrtsstaaten ebenfalls (Becker et al. 2007, S. 43). Auch Umwelt- und Arbeitsschutzstandards wurden eher erweitert als abgebaut (Schirm 2013, S. 129 ff.). Diese und andere Befunde »legen nahe, dass die Globalisierung den Wohlfahrtsstaat überhaupt nicht gefährdet« (Meinhard/ Potrafke 2012, S. 271). Und wenn für die Finanzkrise die üblichen Verdächtigen verhaftet werden, nämlich die Finanz- und politischen Eliten, was sicher auch richtig ist, wird versäumt, darauf hinzuweisen, dass auch der sogenannte kleine Mann lange Zeit von deren Versagen profitiert hat, weil auch er bis zum Platzen der diversen Kreditblasen Nutznießer von Immobilienspekulation und schulden- finanzierten Beschäftigungs- und Nachfrageprogrammen war. Dies zeigt sich daran, dass gerade in den Staaten, in denen beides besonders ausgeprägt war – also in Spanien, Portugal, Griechenland und Irland –, zwischen 1985 und 2008 die Ungleichheit der Einkommensverteilung kontinuierlich *abgenommen* hat. Ablesen lässt sich dieser Sachverhalt zum einen an der Abnahme des Gini- Koeffizienten in diesen Ländern (s. OECD 2011a, S. 67, Tabelle B), zum anderen daran, dass in diesem Zeitraum sogar die Einkommen der unteren 10 % regelmäßig stärker gestiegen sind als die der oberen 10 % (s. OECD 2011b, S. 5, Tabelle 1). Diese Entwicklung fand nach 2008 ein Ende. Grundsätzlich ist anzumerken, dass Extremgruppenvergleiche, also etwa der Vergleich der Einkommensentwicklung der untersten 10 % mit den obersten 10 %, in der Regel stärkere Ungleichheitszunahmen zeigen als Messungen mit Hilfe des Gini-Koeffizienten. Letztere ergeben für die OECD-Länder, wie erwähnt, eine Ungleichheitszunahme von 10 % zwischen 1985 und 2013, Erstere eine von 35 %. Die Einkommen der untersten 10 % nahmen um 15 % zu, die der obersten 10 %

um 50 %. Die Armen wurden also auch reicher, aber nicht im gleichen Maße wie die Reichen. Verschiedene Ungleichheitsmaße führen also zu verschiedenen Ergebnissen und lassen sich auch immer weiter ausdifferenzieren. Man kann beispielsweise die obersten 20 % mit den untersten 20 % vergleichen oder man kann statt Einkommensungleichheit Konsumtionsungleichheit messen, was wieder zu anderen Ergebnissen führt. Dieses Thema kann hier nicht weiter vertieft werden.

4 *Der Spiegel* prognostizierte in seiner oben erwähnten Titelgeschichte von 1976 Millionen Stresstote und eine daraus folgende Gefahr für die den Fortbestand der menschlichen Gattung. Heute meint Han (2010), das moderne Leistungs-subjekt befinde sich im Krieg mit sich selbst. Wenn das so sein sollte, dann darf man auch einmal darauf hinweisen, dass dieser angebliche Krieg recht bekömmlich ist. Länder, in denen die Menschen von hohem Stress berichten, sind nämlich zugleich solche mit einem hohen Pro-Kopf-Einkommen, einer hohen Lebenserwartung und einer hohen Lebenszufriedenheit – und umgekehrt (s. Ng et al. 2009). Dies gilt auch individuell. Statushöhere und besser bezahlte Berufspositionen sind in der Regel mit mehr Arbeitsstunden und mehr Stress verbunden, aber auch mit höherer Lebenserwartung, besserer Gesundheit und größerer (Lebens-)Zufriedenheit. Eine Erklärung für dieses sogenannte Stress-Paradox gibt McGonigal (2015, S. 63 ff.). Auch ohne weitere Ausführun-gen sollte dieser Zusammenhang vor der zu einfachen, aber derzeit weit verbreiteten Gleichsetzung von Stress und Gesundheitsgefährdung oder Stress und Zufriedenheitsbeeinträchtigung warnen.

Psychosoziale Entwicklungen in der Gegenwart

1 Diese Aussage stelle ich unter den Vorbehalt, da ich es, wie oben erwähnt, grundsätzlich für schwierig halte, vorherrschende Stimmungslagen (wie Ausweglosigkeit, Desorientierung, Müdigkeit, Ängstlichkeit oder Hysterie) von ganzen Gesellschaften, Kollektiven oder auch nur einer relevanten Zahl von Individuen zu erfassen. Dementsprechend heterogen fallen entsprechende Versuche aus: Wahlweise leben wir in einer narzisstischen, depressiven, ängstlichen, unersättlichen, verunsicherten, aufgeregten, hyperaktiven, gelangweilten, gestressten, pessimistischen, fluiden, verkrusteten Gesellschaft (s. dazu Dornes 2012, S. 391 f.).

2 Gute Darstellungen der veränderten Sozialstaatsthematik geben Kaufmann (2003, 2009a, b), Schmidt (2005) und Hockerts (2011). Insbesondere die letzten beiden Bücher räumen mit der Überzeugung auf, in Deutschland habe es seit 1980 einen relevanten Sozialstaatsabbau gegeben. Manches wurde abgebaut, manches umgebaut und manches ausgebaut. »Die vielbeschworene ›Wende‹ fand niemals statt« (Kocka 2013, S. 118). Wirtschaftsgeschichtliche Grundlagen der Sozialstaatsthematik werden bei Abelshauser (2011) und Plumpe/Scholtysek (2012) behandelt, lesenswerte Sammelbände sind die von Kersting (2000b) und Lessenich (2003), das führende Handbuch stammt von Castles et al. (2010). Eine vorzügliche *systemimmanente* Kritik der Aktivierungs- und Befähigungspolitik, die deren grundsätzliche Legitimität anerkennt, aber die Praxis der Durchführung bemängelt, findet sich bei Klages (2002, S. 119 ff.).

3 Diese Konstellation bildet auch den Hintergrund vieler Schulreformdebatten. Eine ihrer Fragen ist, wie man die Schwachen mit Fähigkeiten ausstatten kann, die in der heutigen Arbeitswelt nötig sind und über die sie aus verschiedensten Gründen nicht in ausreichendem Maße verfügen. Und sie ist der Hintergrund vieler Erziehungsdebatten. Die Frage lautet nicht mehr in erster Linie: Wie *schützt* man Kinder, etwa vor Medien, sondern wie *befähigt* man sie dazu, die erhöhten Anforderungen an Selbststeuerung und Komplexitätsbewältigung zu erwerben, die nötig sind, um in der veränderten Medien-, Familien- und Berufswelt zurechtzukommen? Die Verschiebung vom Schutz zur Befähigung findet sich auch im modernen Traumadiskurs nach 9/11. Die Einsicht, dass die Möglichkeiten des Schutzes begrenzt sind, hat zu einer »Politik der Resilienz« geführt. Ihr Kern besteht in der Entwicklung von Resilienzfähigkeiten und -praktiken, die das Individuum in die Lage versetzen sollen, mit (drohenden) Traumatisierungen besser umzugehen. Der allfällige Neoliberalismusverdacht, der in dieser Praxis eine Verschiebung der Verantwortlichkeit aufs Subjekt sieht, ist unzutreffend. Zum einen historisch, weil es ähnliche Bewegungen und Bestrebungen schon einmal in den USA der 1860er Jahre gab. Zum anderen systematisch, weil es durchaus Gemeinschaft und Gesellschaft sind, die beim Erwerb solcher Resilienzfähigkeiten in der Verantwortung stehen. Einen faszinierenden Überblick zu diesem Thema geben Brunner/Plotkin (2015) in einem bisher noch unveröffentlichten Manuskript.

Schluss

1 Ausführlich dazu Glomp (2015) und McGonigall (2015), die die gesundheitsförderliche und individuell sinnstiftende Funktion von Stress darstellen.

Literaturverzeichnis

Abelshauser, W. (2011): Deutsche Wirtschaftsgeschichte. Von 1945 bis zur Gegenwart. München (Beck) (2., überarbeitete und erweiterte Aufl.)

Aiginger, K. und A. Guger (2013): Stylized facts on the interaction between income distribution and the great recession. In: Economics. Open-Assessment E-Journal. Discussion Paper No. 2013–25. http://www.economics-ejournal.org/economics/discussionpapers/2013-25

Allmendinger, J. (2015): Mehr Bildung, größere Gleichheit. Bildung ist mehr als eine Magd der Wirtschaft. In: S. Mau und N. Schöneck (Hg.): (Un-)Gerechte (Un-) Gleicheiten. Berlin (Suhrkamp), S. 74–81

Altmeyer, M. (2016): Auf der Suche nach Resonanz. Wie sich das Seelenleben in der digitalen Moderne verändert. Göttingen (Vandenhoek & Ruprecht)

Anderson, P. (2011): Economic crisis and mental wellbeing. A background paper prepared for the WHO regional office for Europe. Publication: »Impact of economic crisis on mental health.« http://www.euro.who.int/en/what-we-do/health-topics/diseases-and- conditions/mental-health

Angerer, P. et al. (2014) (Hg.): Psychische und psychosomatische Gesundheit in der Arbeit. Heidelberg u. a. (ecomed)

Asgeirrsdottir, T. et al. (2012): Are recessions good for your health behaviors? Impacts of the economic crisis in Iceland. NBER working paper 18233. http://www.nber./org/papers/w18233

Atkinson, A. und S. Morelli (2011): Economic crisis and inequality. Human Development Research Paper 2011/06

Awa, W. et al. (2010): Burnout prevention: A review of intervention programs. In: Patient Education and Counseling 78: 184–190

Backé, E.-M. et al. (2012): The role of psychosocial stress at work for the development of cardiovascular diseases: A systematic review. In: International Archives of Occupational and Environmental Health 85: 67–79

Baethge, C. (2004): An Freiheit leiden. Rezension von A. Ehrenberg (1998). In: Frankfurter Rundschau, v. 6. 10. 2004 (Literaturbeilage)

Bagus, P. (2011): Die Tragödie des €uro. Ein System zerstört sich selbst. München (FinanzBuch Verlag)

Barkmann, C. und M. Schulte-Markwort (2012): Prevalence of emotional and behavioral disorders in German children and adolescents: A meta-analysis. In: Journal of Epidemiology and Community Health 66: 194–203

Barmer GEK Arztreport (2013): Schwerpunkt: Aufmerksamkeitsdefizit-/Hyperaktivitätsstörungen ADHS. Schriftenreihe zur Gesundheitsanalyse Band 18. Berlin

Bauer, J. (2013): Arbeit. Warum unser Glück von ihr abhängt und wie sie uns krank macht. München (Blessing)

Beck, H. (2014): Sind Krisen etwa gesund? In: Frankfurter Allgemeine Zeitung Nr. 220, v. 22. 9. 2014, S. 16

Becker, T. (2013): Schluss. Aus. Feierabend. Ein Plädoyer gegen die Diktatur der Lohnarbeit. In: KulturSPIEGEL 3/2013: 11–16 (Rezension von C. Cederström und P. Fleming, Dead Man Walking. Die schöne neue Welt der toten Arbeit. Edition Tiamat 2013 sowie R. und E. Skidelski, Wie viel ist genug? Kunstmann 2013)

Becker, Th. und N. Sartorius (1999): Ökologie und Psychiatrie. In: H. Helmchen et al. (Hg.): Psychiatrie der Gegenwart. Band 1: Grundlagen der Psychiatrie. Berlin (Springer), S. 473–506 (4. Aufl.)

Becker, M. et al. (2007): Globalisierung und Global Governance. Paderborn (Fink/UTB)

Berger, J. (2009): Der diskrete Charme des Marktes. Zur sozialen Problematik der Marktwirtschaft. Wiesbaden (VS Verlag für Sozialwissenschaften)

Bernau, P. (2012): Wie fördert man arme Kinder? Geld hilft nicht viel, und Intelligenz lässt sich nur schwer lernen. Es geht ums Benehmen. In: Frankfurter Allgemeine Sonntagszeitung Nr. 31, v. 5. 8. 2012, S. 28

Bertram, H. und B. Bertram (2009): Familie, Sozialisation und die Zukunft der Kinder. Opladen & Farmington Hills (Barbara Budrich)

Bertram, H. und C. Deuflhard (2015): Die überforderte Generation. Arbeit und Familie in der Wissensgesellschaft. Opladen u. a. (Barbara Budrich)

Bhagwati, J. (2007): Verteidigung der Globalisierung. München (Pantheon) 2008

Bhugra, D. und A. Mastrogianni (2004): Globalisation and mental disorders: Overview with relation to depression. In: British Medical Journal 184: 10–20

Biebricher, T. (2012): Neoliberalismus zur Einführung. Hamburg (Junius)

Blech, J. (2014a): Die Psychofalle. Wie die Seelenindustrie uns zu Patienten macht. Frankfurt a. M. (Fischer)

Blech, J. (2014b): Zu viel, zu wenig. In: Der Spiegel Nr. 12, v. 17. 3. 2014, S. 117

Blom, P. (2008): Der taumelnde Kontinent. Europa 1900–1914. München (Hanser) 2009

Bofinger, P. (2010): Ist der Markt noch zu retten? Warum wir jetzt einen starken Staat brauchen. Berlin (Ullstein) (2., aktualisierte Aufl.)

Bofinger, P. (2012): Zurück zur D-Mark? Deutschland braucht den Euro. München (Droemer)

Bogren, M. et al. (2007): Lundby revisited: First incidence of mental disorders 1947–1997. In: Australian and New Zealand Journal of Psychiatry 41: 178–186

Bohleber, W. (2009): Das Problem der Identität in der Spätmoderne – Psychoanalytische Perspektiven. In: V. King und B. Gerisch (Hg.): Zeitgewinn und Selbstverlust. Folgen und Grenzen der Beschleunigung. Frankfurt a. M. (Campus), S. 202–220

Bollmann, R. (2015): Das Ende der Stechuhr. In: Frankfurter Allgemeine Sonntagszeitung Nr. 32, v. 9. 8. 2015, S. 24–25

Bolz, N. (2006): Die Helden der Familie. München (Fink)

Bonde, J. (2008): Psychosocial factors at work and risk of depression: A systematic review of the epidemiological evidence. In: Occupational and Environmental Medicine 65: 438–445

Bondy, B. (2010): Psychopharmaka. Kleine Helfer oder chemische Keule? München (Beck)

Bordo, M. und C. Meissner (2012): Does inequality lead to a financial crisis? In: Journal of International Money and Finance 31: 2147–2161

Bowles, S. (2011): Is liberal society parasite on tradition? In: Philosophy and Public Affairs 39: 46–81

BPtK (BundesPsychotherapeutenKammer) (2013): BPtK-Studie zur Arbeits- und Erwerbsunfähigkeit. Psychische Erkrankungen und gesundheitliche Frühverrentung.

Bradshaw, J. et al. (2013): Children's subjective well-being in rich countries. Working Paper 2013-03, UNICEF Office of Research, Florence

Brähler, E. und H.-W. Hoefert (2015): (Hg.): Lexikon der modernen Krankheiten. Berlin (Medizinisch Wissenschaftliche Verlagsgesellschaft)

Brede, K. (2015): Steinbruch Psychoanalyse. Kritische Ausführungen zu Martin Dornes' Aufsatz (2015a). In: Psyche. Zeitschrift für Psychoanalyse und ihre Anwendungen 69: 745–755

Brenner, H. (2006): Arbeitslosigkeit. In: G. Stoppe et al. (Hg.): Volkskrankheit Depression? Bestandsaufnahme und Perspektiven. Berlin und Heidelberg (Springer), S. 163–189

Britton, A. und M. Shipley (2010): Bored to death? In: International Journal of Epidemiology 39: 370–371

Bröckling, U. (2007): Das unternehmerische Selbst. Soziologie einer Subjektivierungsform. Frankfurt a. M. (Suhrkamp)

Bruni, L. (2011): Glück und Wirtschaft. Die Rückkehr des Sozialen. In: D. Thomä et al. (Hg.): Glück. Ein interdisziplinäres Handbuch. Stuttgart und Weimar (Metzler), S. 404–410

Brunner, J. und G. Plotkin (2015): The politics of resilience: How American and Israeli minds are being trained to bounce back from the effects of future catastrophic violence (Vortrag: Institute of Social Research Frankfurt a. M., June 2015)

Bude, H. (2014): Die Gesellschaft der Angst. Hamburg (Hamburger Edition)

Bude, H. (2015): »Merkel hat den Begriff der Solidarität aussortiert.« Interview. In: Frankfurter Rundschau Nr. 39, v. 16.2.2015, S. 21

Burisch, M. (2010): Das Burnout-Syndrom. Berlin (Springer) (4., aktualisierte Aufl.)

Busch, M. A. et al. (2013): Prävalenz depressiver Symptomatik und diagnostizierter Depression bei Erwachsenen in Deutschland. Ergebnisse der Studie zur Gesundheit Erwachsener in Deutschland (DEGS1). In: Bundesgesundheitsblatt 56: 733–739

Busfield, J. (2012): Challenging claims that mental illness has been increasing and mental well-being declining. In: Social Science and Medicine 75: 581–588

Castel, R. (2009): Die Krise der Arbeit. Neue Unsicherheiten und die Zukunft des Individuums. Hamburg (Hamburger Edition) 2011

Castles, F. et al. (2010) (Hg.): The Oxford Handbook of the Welfare State. Oxford (Oxford Univ. Press)

Catalano, R. et al. (2011): The health effects of economic decline. In: Annual Review of Public Health 32: 431–450

Chasseguet-Smirgel, J. (2001): Das Ichideal heute: Der Triumph des kürzesten über den langen Weg. In: Bulletin der Europäischen Psychoanalytischen Vereinigung No. 55: 123–136

Collier, P. (2013): Exodus. Warum wir Einwanderung neu regeln müssen. München (Siedler) 2014

Coontz, S. (2013): The Not-So-Good-Old-Days. In: The New York Times Sunday Review, v. 15. Juni 2013

Crouch, C. (2003): Postdemokratie. Frankfurt a. M. (Suhrkamp) 2008

Crouch, C. (2012): »Es muss noch schlimmer werden.« Der britische Soziologe Colin Crouch über die Krise und die Rolle der Demokratie in Europa. In: Frankfurter Rundschau Nr. 13, v. 16. 1. 2012, S. 20

Däfler, M.-N. (2013): »Ich arbeite in einem Freudenhaus.« Wegen der Aufmerksamkeitsillusion wird die Arbeitswelt zu einseitig negativ diskutiert. In: Frankfurter Allgemeine Zeitung Nr. 143, v. 24. 6. 2013, S. 18

DAK-Gesundheitsreport (2009): Schwerpunktthema Doping am Arbeitsplatz. IGES Institut GmbH. Berlin

DAK-Gesundheitsreport (2013): Schwerpunktthema: »Update psychischer Erkrankungen.« Sind wir heute anders krank? IGES Institut GmbH. Berlin

DAK-Gesundheitsreport (2015): Schwerpunktthema Doping am Arbeitsplatz. IGES Institut GmbH. Berlin

Dalton, R. (2009): The Good Citizen. How a Younger Generation is Reshaping American Politics. Washington (CQ Press/Sage) (Revised Edition)

Deaton, A. (2013): The Great Escape. Health, Wealth and the Origins of Inequality. Princeton (Princeton Univ. Press)

Depressionsatlas (2015): Herausgegeben von der Techniker Krankenkasse, Hamburg

Der Spiegel (1976): Stress: Neue Krankheit des Jahrhunderts. In: Nr. 7, v. 9. 2. 1976, S. 46–59

Der Spiegel (2013a): 5 724 512 Schritte. Wie lassen sich Ältere am Arbeitsmarkt unterbringen? In: Nr. 7, v. 9. 2. 2013, S. 50–54

Der Spiegel (2013b): Problem: Chef. In: Nr. 45, v. 4. 11. 2013, S. 90–92

Deutschmann, C. (2013): Warum tranken die Pferde nicht? In: Frankfurter Allgemeine Zeitung Nr. 223, v. 25. 9. 2013, S. N 4 (Beilage Natur und Wissenschaft)

Deutschmann, C. (2014): Ein »hayekianisches« Regime in Europa? Zur Diskussion um W. Streecks Buch »Gekaufte Zeit«. IFS Working Papers #6. Frankfurt a. M. (Institut für Sozialforschung)

Die Welt (2015): Eltern nehmen Kinderstress kaum wahr. In: Die Welt, v. 26. 6. 2015, S. 20

Diller, L. (1996): The Run on Ritalin. In: Hastings Center Report 29: 12–18

Döpfner M. et al. (2013): Stellungnahme der Deutschen Gesellschaft für Kinder- und Jugendpsychiatrie und Psychotherapie zum Barmer GEK Arztreport 2013 über die Häufigkeit von Diagnosen einer hyperkinetischen Störung und der Verordnung von Medikamenten zu ihrer Behandlung. http://www.dgjkp.de/aktuelles/stellungnahmen/162-stellungnahme

Dornes, M. (2006): Die Seele des Kindes. Entstehung und Entwicklung. Frankfurt a. M. (Fischer) (4. Aufl. 2013)

Dornes, M. (2010a): Ambivalenzen moderner Kindheit: Kinder zwischen Freiheit und Verletzlichkeit. In: G. Suess und W. Hammer (Hg.): Kinderschutz. Stuttgart (Klett-Cotta), S. 46–62

Dornes, M. (2010b): Die Modernisierung der Seele. In: Psyche. Zeitschrift für Psychoanalyse und ihre Anwendungen 64: 995–1033 (mit Kommentaren, ebd., S. 1034–1053)

Dornes, M. (2012): Die Modernisierung der Seele. Kind – Familie – Gesellschaft. Frankfurt a. M. (Fischer)

Dornes, M. (2015a): Macht der Kapitalismus depressiv? In: Psyche. Zeitschrift für Psychoanalyse und ihre Anwendungen 69: 115–160

Dornes, M. (2015b): Kapitalismus und psychische Erkrankungen. Eine Antwort auf die Kritiken von Karola Brede, Götz Egloff und Ingo Engelmann. In: Psyche. Zeitschrift für Psychoanalyse und ihre Anwendungen 69: 1088–1104

Dornes, M. (in Vorb.): Macht Gleichheit glücklich und/oder gesund? (Ms.)

Dostert, E. (2015): Fern vom Glück. In: Süddeutsche Zeitung, v. 22. 1. 2015. http://jetzt.sueddeutsche.de

Douki, S. et al. (2007): Women's mental health in the Muslim world: Cultural, religious, and social issues. In: Journal of Affective Disorders 102: 177–189

Easterlin, R. (1974): Does economic growth improve the human lot? Some empirical evidence. In: R. Easterlin (2010): Happiness, Growth, and the Life Cycle. Hg. von H. Hinte und K. Zimmermann. Oxford (Oxford Univ. Press), S. 13–45 (Revised Version)

Easterlin, R. (2010): The happiness-income paradox revisited. In: Proceedings of the National Academy of Sciences (PNAS) 107: 22463–22468

Egloff, G. (2015): La bête noire. Kommentar zu Martin Dornes' Aufsatz (2015a). In: Psyche. Zeitschrift für Psychoanalyse und ihre Anwendungen 69: 756–765

Ehrenberg, A. (1998): Das erschöpfte Selbst. Depression und Gesellschaft in der Gegenwart. Frankfurt a. M. und New York (Campus) 2004

Ehrenberg, A. (2007): Depression: Unbehagen in der Kultur oder neue Formen der Sozialität. In: C. Menke und J. Rebentisch (Hg.): Kreation und Depression. Freiheit im gegenwärtigen Kapitalismus. Berlin (Kulturverlag Kadmos), S. 52–62

Ehrenberg, A. (2008): »Nur glücklich zu leben ist unvorstellbar.« Interview. In: taz, v. 14. 7. 2008. http://www.taz.de/1/archiv/digitaz/artikel/?ressort=ku&dig=2008

Ehrenberg, A. (2009): Psychische Gesundheit und das Dilemma der Autonomie. Persönliche Leiden und soziale Beziehungen. In: K. Münch et al. (Hg.): Die Fähigkeit allein zu sein. Zwischen psychoanalytischem Ideal und gesellschaftlicher Realität. Gießen (Psychosozial), S. 35–50

Ehrenberg, A. (2010): Das Unbehagen in der Gesellschaft. Berlin (Suhrkamp) 2011

Ehrenberg, A. (2015): Jenseits der Depression. Vorwort zur Neuausgabe von »Das erschöpfte Selbst«. Frankfurt a. M. und New York (Campus), S. 9–24

Ehrenreich, B. (2009): Bright-Sided. How Positive Thinking is Undermining America. New York (Picador)

Eichenhofer, E. (2012): Soziale Menschenrechte im Völker-, europäischen und deutschen Recht. Tübingen (Mohr Siebeck).

Elkind, D. (1981): Das gehetzte Kind. Köln (Bastei Lübbe) 2001

Ellert, U. & KiGGS Study Group (2014): Gesundheitsbezogene Lebensqualität bei Kindern und Jugendlichen in Deutschland. Ergebnisse der KiGGS-Studie – Erste Folgebefragung (KiGGS Welle 1). In: Bundesgesundheitsblatt 57: 798–806

Elschenbroich, D. (2015): Der veränderte Blick auf die Kinder. In: Frankfurter Allgemeine Zeitung Nr. 158, v. 11. 7. 2015, S. 9

Encke, J. (2012): Lasst uns die Systemfrage stellen. In: Frankfurter Allgemeine Sonntagszeitung Nr. 10, v. 11. 3. 2012, S. 41

Engelmann, I. (2015): Auf dem Weg zu einer kapitalistischen Psychotherapie.

Anmerkungen zu Martin Dornes' Aufsatz (2015a). In: Psyche. Zeitschrift für Psychoanalyse und ihre Anwendungen 69: 766–772

Erhart, M. und D. von Stillfried (2012): Analyse regionaler Unterschiede in der Prävalenz depressiver Störungen. In: Versorgungsatlas.de. Zentralinstitut für kassenärztliche Versorgung in Deutschland

Eschmann, S. et al. (2007): Die Prävalenz psychischer Störungen bei Kindern und Jugendlichen unter Berücksichtigung soziodemografischer Merkmale. In: Zeitschrift für klinische Psychologie und Psychotherapie 36: 270–279

Fegeler, U. und E. Roman-Jäger (2013): Prävention der »neuen Morbidität« in der Ambulanten Allgemeinen Pädiatrie. In: Kinderärztliche Praxis 84: 90–93

Fetchenhauer, D. und D. Enste (2012): Vom Schlechten des Guten. Warum der Mensch nicht zum Glücklichsein geboren ist. München (Roman Herzog Institut)

Fischer, C. (2010): Made in America. A Social History of American Culture and Character. Chicago (Univ. Chicago Press)

Fischer, C. (2011): Still Connected. Family and Friends in America since 1970. New York (Russell Sage Foundation)

Fonagy P. et al. (2002): Affektregulierung, Mentalisierung und die Entwicklung des Selbst. Stuttgart (Klett-Cotta) 2004

Frances, A. (2013): Normal. Gegen die Inflation psychischer Diagnosen. Köln (Dumont)

Frankfurter Allgemeine Zeitung (2015): Normalarbeitsverhältnisse drängen atypische Beschäftigung zurück. In: Nr. 194, v. 22.8.2015, S. 22

Franz, M. et al. (2000) (Hg.): Seelische Gesundheit und neurotisches Elend. Der Langzeitverlauf in der Bevölkerung. Wien und New York (Springer)

Freud, S. (1908): Die »kulturelle« Sexualmoral und die moderne Nervosität. In: GW VII: 143–167. Frankfurt a. M. (Fischer)

Freud, S. (1916/1917): Vorlesungen zur Einführung in die Psychoanalyse. GW XI. Frankfurt a. M. (Fischer)

Fromm, E. (1941): Die Furcht vor der Freiheit. Frankfurt a. M. (Europäische Verlagsanstalt) 1966

Fulcher, J. (2004): Kapitalismus. Stuttgart (Reclam) 2007

Gadow, K. (1997): An overview of three decades of research on pediatric psycho-pharmacoepidemiology. In: Journal of Child and Adolescent Psychopharmacology 7: 219–236

Garland, D. (2001): Kultur der Kontrolle. Verbrechensbekämpfung und soziale Ordnung in der Gegenwart. Frankfurt a. M. und New York (Campus) 2008

Gehlen, A. (1956): Urmensch und Spätkultur. Philosophische Ergebnisse und Aussagen. Frankfurt a. M. (Akademische Verlagsgesellschaft Athenaion) (4., verbesserte Aufl. 1977)

Genz, A. und F. Jacobi (2014a): Häufigkeit, Bedeutung und Entwicklung psychischer Erkrankungen. In: P. Angerer et al. (Hg.): Psychische und psychosomatische Gesundheit in der Arbeit. Heidelberg u. a. (ecomed), S. 29–38

Genz, A. und F. Jacobi (2014b): Nehmen psychische Störungen zu? In: P. Angerer et al. (Hg.): Psychische und psychosomatische Gesundheit in der Arbeit. Heidelberg u. a. (ecomed), S. 39–46

Geyer, C. (2014): Bin ich psycho oder geht das von selbst weg? In: Frankfurter Allgemeine Zeitung Nr. 139, v. 18.6.2014, S. 11

Glomp, I. (2015): Schöner Stress. Warum anstrengende Zeiten das Leben bereichern können. In: Psychologie Heute 42, Heft 8: 18–25

Goldthorpe, J. (2010): Analyzing social inequality: A critique of two recent contributions from economics and epidemiology. In: European Sociological Review 26: 731–744

Grimm, N. et al. (2013): Die Ausweitung der Zwischenzone. Erwerbsarbeit im Zeichen der neuen Arbeitsmarktpolitik. In: Soziale Welt 64: 249–268

Grinspoon, L. und P. Hedblom (1975): The Speed Culture. Amphetamine Use and Abuse in America. Cambridge (Harvard Univ. Press)

Grölle, J. (2014): Flattern, quieken, zucken. Seit Jahren steigt in Amerika die Zahl der Autisten. In: Der Spiegel Nr. 35, v. 25.8.2014, S. 102–106

Grözinger, G. (2006): Zur Gewinnbelastung von Kapitalgesellschaften. Ein internationaler Vergleich auf der Grundlage faktischer Steuerzahlungen. Discussion Paper Nr. 13, ISSN 1618-0789, Universität Flensburg

Günter, M. und G. Bruns (2010): Psychoanalytische Sozialarbeit. Praxis – Grundlagen – Methoden. Stuttgart (Klett-Cotta)

Gusmao, R. et al. (2013): Antidepressant utilization and suicide in Europe: An ecological multi-national study. In: PLOS ONE 8 (6). doi: 10.1371/journal. pone.0066455

Habermas, J. (1998): Die postnationale Konstellation. Politische Essays. Frankfurt a. M. (Suhrkamp)

Habermas, J. (2005): Zwischen Naturalismus und Religion. Philosophische Aufsätze. Frankfurt a. M. (Suhrkamp)

Han, B.-C. (2010): Müdigkeitsgesellschaft. Berlin (Matthes & Seitz)

Han, B.-C. (2011): Topologie der Gewalt. Berlin (Matthes & Seitz)

Hanzig-Bätzing, E. und W. Bätzing (2005): Entgrenzte Welten. Die Verdrängung des Menschen. Zürich (Rotpunktverlag)

Hasselhorn, H. und R. Portuné (2010): Stress, Arbeitsgestaltung und Gesundheit. In: B. Badura et al. (Hg.): Betriebliche Gesundheitspolitik. Der Weg zur gesunden Organisation. Berlin (Springer), S. 361–376

Hauch, M. (2015): Kindheit ist keine Krankheit. Wie wir unsere Kinder mit Tests und Therapien zu Patienten machen. Frankfurt a. M. (Fischer)

Heckman, J. (2013): Giving Kids A Fair Chance (A Strategy that Works). Cambridge (The MIT Press)

Hegerl (2013): Zunahme der Antidepressivaverschreibungen und Rückgang der Suizidraten: Besteht ein Zusammenhang? Stellungnahme der Stiftung Deutsche Depressionshilfe zum neuen OECD-Gesundheitsreport »Health at a Glance 2013«. http://www. deutsche-depressionshilfe.de/pm-stellungnahme-ssd-zu

Heil, C. (2011): Jetzt bebt die Welt der Amischen. In: Frankfurter Allgemeine Zeitung Nr. 216, v. 15.9.2012, S. 9

Helliwell, J. et al. (2013) (Hg.): World Happiness Report 2013 (www.unsdsn.org.)

Henrich, J. et al. (2001): In search of homo economicus: Behavioral experiments in 15 small-scale-societies. In: American Economic Review 91: 73–78

Henrich, J. et al. (2005): »Economic man« in cross cultural perspective. In: Behavioral and Brain Sciences 28: 795–855 (mit Kommentaren)

Herzog, L. (2013): Freiheit gehört nicht nur den Reichen. Plädoyer für einen zeitgemäßen Liberalismus. München (Beck)

Heyne, L. (2015): Globalisierung und Demokratie. Führt Denationalisierung zu einem Verlust an Demokratiequalität? In: W. Merkel (Hg.): Demokratie und Krise. Zum schwierigen Verhältnis von Theorie und Empirie. Wiesbaden (Springer Fachmedien), S. 277–305

Hidaka, B. (2012): Depression as a disease of modernity: Explanations for increasing prevalence. In: Journal of Affective Disorders 140: 205–214

Hillert, A. und M. Marwitz (2006): Die Burnout-Epidemie oder: Brennt die Leistungsgesellschaft aus? München (Beck)

Hochschild, A. (2012): The Outsourced Self. Intimate Life in Market Times. New York (Metropolitan Books)

Hockerts, H. G. (2011): Der deutsche Sozialstaat. Entfaltung und Gefährdung seit 1945. Göttingen (Vandenhoeck & Ruprecht)

Hölling, H. & KiGGS Study Group (2014a): Psychische Auffälligkeiten und psychosoziale Beeinträchtigungen bei Kindern und Jugendlichen im Alter von 3 bis 17 Jahren in Deutschland – Prävalenz und zeitliche Trends zu 2 Erhebungszeitpunkten (2003–2006 und 2009–2012). Ergebnisse der KiGGS-Studie – Erste Folgebefragung (KiGGS Welle 1). In: Bundesgesundheitsblatt 57: 807–819

Hölling, H. & KiGGS Study Group (2014b): Wie gesund sind unsere Kinder? Robert Koch-Institut. Berlin

Hofer, H.-G. (2005): Nerven, Kultur und Geschlecht. Die Neurasthenie im Spannungsfeld von Medizin- und Körpergeschichte. In: F. Stahnisch et al. (Hg.): Medizin, Geschichte und Gesellschaft. Stuttgart (Steiner), S. 225–244

Hucklenbroich, C. (2013): Armut. In: Frankfurter Allgemeine Zeitung Nr. 303, v. 31.12.2013, S. N 1 (Beilage Natur und Wissenschaft)

Hülsmann, J. G. (2013): Krise der Inflationskultur. Geld, Finanzen und Staat in Zeiten der kollektiven Korruption. München (FinanzBuch Verlag)

Ihle, W. und G. Esser (2002): Epidemiologie psychischer Störungen im Kindes- und Jugendalter: Prävalenz, Verlauf, Komorbidität und Geschlechtsunterschiede. In: Psychologische Rundschau 53: 159–169

Inglehart, R. et al. (2008): Development, freedom, and rising happiness. A global perspective (1981–2007). In: Perspectives on Psychological Science 3: 264–285

Jacobi, F. (2009): Nehmen psychische Störungen zu? In: Report Psychologie 31: 16–28

Jacobi, F. (2012): Der Hype um die kranke Seele. In: Gesundheit und Gesellschaft 15, Heft 5: 22–27

Jacobi, F. et al. (2004a): Seelische Gesundheit in Ost und West: Analysen auf der Grundlage des Bundesgesundheitssurveys. In: Zeitschrift für klinische Psychologie und Psychotherapie 33: 251–260

Jacobi, F. et al. (2004b): Prevalence, co-morbidity and correlates of mental disorders in the general population: Results from the German health interviews and examination survey (GHS). In: Psychological Medicine 34: 597–611

Jacobi, F. et al. (2014): Psychische Störungen in der Allgemeinbevölkerung: Studie zur Gesundheit Erwachsener in Deutschland und ihr Zusatzmodul »Psychische Gesundheit« (DEGS1-MH). In: Der Nervenarzt 85: 77–87

Jaeggi, R. (2005): Entfremdung. Zur Aktualität eines sozialphilosophischen Problems. Frankfurt a. M. und New York (Campus)

Jakubaschk, J. (1994): Depression und Aggression bei den Amischen. In: Der Nervenarzt 65: 590–597

Judt, T. (2010): Dem Land geht es schlecht. Ein Traktat über unserer Unzufriedenheit. München (Hanser) 2011

Jurczyk, K. und P. Szymenderski (2012): Belastungen durch Entgrenzung – Warum Care in Familien zur knappen Ressource wird. In: R. Lutz (Hg.): Erschöpfte Familien. Wiesbaden (VS Verlag für Sozialwissenschaften), S. 89–105

Kaelble, H. (2007): Sozialgeschichte Europas. 1945 bis zur Gegenwart. München (Beck)

Kaschka, W. et al. (2011): Modediagnose Burnout. In: Deutsches Ärzteblatt 108, Heft 46: 781–787

Kaufmann, F.-X. (2003): Varianten des Wohlfahrtsstaats. Der deutsche Sozialstaat im internationalen Vergleich. Frankfurt a. M. (Suhrkamp)

Kaufmann, F.-X. (2008): Religion zwischen Tradition, Selbsterfahrung und Dauerreflexion. In: T. Schmidt und M. Parker (Hg.): Religion in der pluralistischen Öffentlichkeit. Würzburg (Echter), S. 21–39

Kaufmann, F.-X. (2009a): Sozialpolitik und Sozialstaat: Soziologische Analysen. Wiesbaden (VS Verlag für Sozialwissenschaften) (3., erweiterte Aufl.)

Kaufmann, F.-X. (2009b): Schutz – Sicherung – Befähigung. Dauer und Wandel im Sozialstaat. In: Zeitschrift für Sozialreform 55: 13–23

Keller, M. et al. (1982): Treatment received by depressed patients. In: Journal of the American Medical Association 248: 1848–1855

Keller, M. et al. (1991): Depression in children and adolescents: New data on »undertreatment« and a literature review on the efficacy of available treatments. In: Journal of Affective Disorders 21: 163–171

Kenny, C. (2011): Getting Better. Why Global Development is Succeeding. New York (Basic Books)

Kersting, W. (2000a): Theorien der sozialen Gerechtigkeit. Stuttgart und Weimar (Metzler)

Kersting, W. (2000b): (Hg.): Politische Philosophie des Sozialstaats. Weilerswist (Velbrück)

Kersting, W. (2009): Verteidigung des Liberalismus. Hamburg (Murmann)

Kersting, W. (2012): Wie gerecht ist der Markt? Ethische Perspektiven der sozialen Marktwirtschaft. Hamburg (Murmann)

Kessler, R. et al. (2009): The global burden of mental disorders: An update from the WHO World Mental Health (WHM) surveys. In: Epidemiologica e Psichiatrica Sociale 18: 22–33

Kivimäki, A. et al. (2012): Job strain as a risk factor for coronary heart disease: A collaborative meta-analysis of individual participant data. In: The Lancet, 14. September 2012. doi.org./10.1016/50140-6736(12)60994-5

Klages, H. (1975): Die unruhige Gesellschaft. Untersuchungen über die Grenzen und Probleme sozialer Stabilität. München (Beck)

Klages, H. (2002): Der blockierte Mensch. Zukunftsaufgaben gesellschaftlicher und organisatorischer Gestaltung. Frankfurt a. M. und New York (Campus)

Kocka, J. (2013): Geschichte des Kapitalismus. München (Beck)

Kocka, J. und W. Merkel (2015): Kapitalismus und Demokratie. In: W. Merkel (2015) (Hg.): Demokratie und Krise. Zum schwierigen Verhältnis von Theorie und Empirie. Wiesbaden (Springer Fachmedien), S. 307–337

Koppetsch, C. (2010): Jenseits der individualisierten Mittelstandsgesellschaft? Zur Ambivalenz subjektiver Lebensführung in unsicheren Zeiten. In: P. A. Berger und R. Hitzler (Hg.): Individualisierungen. Ein Vierteljahrhundert »Jenseits von Stand und Klasse.« Wiesbaden (VS Verlag für Sozialwissenschaften), S. 225–243

Kovess-Masfety, V. et al. (2009): Prevalence, risk factors, and use of health care in depression: A survey in a large region of France between 1991 and 2005. In: The Canadian Journal of Psychiatry 54: 701–709

Krause, A. et al. (2012): Indirekte Steuerung und interessierte Selbstgefährdung: Ergebnisse aus Befragungen und Fallstudien. Konsequenzen für das betriebliche Gesundheitsmanagement. In: B. Badura et al. (Hg.): Fehlzeiten-Report 2012. Gesundheit in der flexiblen Arbeitswelt: Chancen nutzen – Risiken minimieren. Berlin und Heidelberg (Springer), S. 191–202

Kroll, L. E. et al. (2011): Arbeitsbelastung und Gesundheit. Hg. Robert Koch-Institut Berlin. GBE kompakt 2(5). www.rki.de/gbe-kompakt

Kurth, B.-M. et al. (2012): Erste Ergebnisse aus der »Studie zur Gesundheit Erwachsener in Deutschland« (DEGS). In: Bundesgesundheitsblatt 55: 980–990

Kury, P. (2012): Der überforderte Mensch. Eine Wissensgeschichte vom Stress zum Burnout. Frankfurt a. M. und New York (Campus)

Lasch, C. (1979): Das Zeitalter des Narzißmus. München (Steinhausen) 1980 [Nachdruck: Hamburg (Hoffmann und Campe) 1995]

Leigh, A. et al. (2009): Health and economic inequality. In: W. Salverda et al. (Hg.): The Oxford Handbook of Economic Inequality. Oxford (Oxford Univ. Press), S. 384–405

Lerude, M. (2006): Der elterliche Ödipuskomplex. In: A. Michels et al. (Hg.): Jahrbuch für klinische Psychoanalyse, Band 7: Familie. Tübingen (edition diskord), S. 73–81

Lessenich, S. (2003) (Hg.): Wohlfahrtsstaatliche Grundbegriffe. Historische und aktuelle Diskurse. Frankfurt a. M. und New York (Campus)

Lessenich, S. (2008): Die Neuerfindung des Sozialen. Der Sozialstaat im flexiblen Kapitalismus. Bielefeld (transcript)

Lessenich, S. (2012): Theorien des Sozialstaats zur Einführung. Hamburg (Junius)

Lieb, K. (2010): Hirndoping. Mannheim (Artemis & Winkler)

Lieberz, K. et al. (2011): Seelische Gesundheit im Langzeitverlauf – Die Mannheimer Kohortenstudie. Ein 25-Jahres-Follow-up. Berlin (Springer)

Limm, H. (2014): Zunahme an stressbedingten und psychischen Störungen. In: P. Angerer et al. (2014) (Hg.): Psychische und psychosomatische Gesundheit in der Arbeit. Heidelberg u. a. (ecomed), S. 255–260

Linden, M. (2013): Psychische Erkrankungen – Entwicklungen, Auswirkungen und Reaktionen der Deutschen Rentenversicherung. Pressefachseminar der Deutschen Rentenversicherung am 3. und 4. Juli 2013 in Berlin

Lindsey, B. (2013): Human Capitalism. How Economic Growth Has Made Us Smarter – and More Unequal. Princeton und Oxford (Princeton Univ. Press)

Lucke, J. et al. (2011): Deflating the neuroenhancement bubble. In: AJOB Neuroscience 2 (4): 38–43

Luhmann, N. (1995): Soziologische Aufklärung, Band 6: Die Soziologie und der Mensch. Opladen (Westdeutscher Verlag)

Manchin, A. (2011): www.gallup.com/poll/151544/Suffering-Thriving-Countries. aspx

Matakas, F. und E. Rohrbach (2005): Zur Psychodynamik der schweren Depression und die therapeutischen Konsequenzen. In: Psyche. Zeitschrift für Psychoanalyse und ihre Anwendungen 59: 892–917

Matisson, C. et al. (2005): First incidence depression in the Lundby study: A comparison of the two time periods 1947–1972 and 1972–1997. In: Journal of Affective Disorders 87: 151–160

Mauz, E. und F. Jacobi (2008): Psychische Störungen und soziale Ungleichheit im Geburtskohortenvergleich. In: Psychiatrische Praxis 35: 343–352

Mayer, K. U. et al. (2010): Mythos Flexibilisierung? Wie stabil sind Berufsbiografien wirklich und als wie instabil werden sie wahrgenommen? In: Kölner Zeitschrift für Soziologie und Sozialpsychologie 62: 369–402

McCloskey, D. (2006): The Bourgeois Virtues. Ethics for an Age of Commerce. Chicago (Univ. Chicago Press)

McGonigal, K. (2015): The Uside of Stress. London (Vermilion)

Meinhard, S. und N. Potrafke (2012): The globalization-welfare state nexus reconsidered. In: Review of International Economics 20: 271–287.

Merkel, W. (2015): (Hg.): Demokratie und Krise. Zum schwierigen Verhältnis von Theorie und Empirie. Wiesbaden (Springer Fachmedien)

Merkel, W. (2015a): Die Herausforderung der Demokratie. In: W. Merkel (2015), S. 7–42

Merkel, W. (2015b): Ist die Krise der Demokratie eine Erfindung? In: W. Merkel (2015), S. 473–498

Merkel, W. und W. Krause (2015): Krise der Demokratie? Ansichten von Experten und Bürgern. In: W. Merkel (2015), S. 45–65

Meves, C. (1972): Manipulierte Maßlosigkeit. Freiburg (Herder)

Milanovic, B. (2011a): The Haves and the Have-Nots. A Brief and Idiosyncrativ History of Global Inequality. New York (Basic Books)

Milanovic, B. (2011b): A short history of global inequality: The past two centuries. In: Explorations in Economic History 48: 494–506

Milanovic, B. (2014): Zu viel des Guten. Ein Interview mit Branko Milanovic. In: brand eins 16, Heft 6: 40–46 (Schwerpunktheft Geld)

Minkmar, N. (2012): Die große Müdigkeit. In: Frankfurter Allgemeine Zeitung Nr. 300, v. 24. 12. 2012, S. 23

Modena, E. (1985): Narzißmus und Gesellschaft. Zur Kritik der neuen Nostalgiebewegung in der Psychoanalyse. In: Psychoanalyse 4: 293–308

Moll, S. (2011): Das blanke Entsetzen. Das FBI verhaftet sieben mutmaßliche Bart-Räuber einer abtrünnigen Amisch-Sekte. In: Frankfurter Allgemeine Zeitung Nr. 279, v. 30. 11. 2011, S. 37

Münch, R. (2001): Die neue Arbeitsgesellschaft. In: C. Leggewie und R. Münch (Hg.): Politik im 21. Jahrhundert. Frankfurt a. M. (Suhrkamp), S. 51–74

Münch, R. (2002): Die »Zweite Moderne«: Realität oder Fiktion? Kritische Fragen an die Theorie der »reflexiven« Modernisierung. In: Kölner Zeitschrift für Soziologie und Sozialpsychologie 54: 417–443

Münch, R. (2009): Das Regime des liberalen Kapitalismus. Inklusion und Exklusion im neuen Wohlfahrtsstaat. Frankfurt a. M. und New York (Campus)

Münch, R. (2015): Mehr Bildung, größere Ungleichheit. Ein Dilemma der

Aktivierungspolitik. In: S. Mau und N. Schöneck (Hg.): (Un-)Gerechte (Un-) Gleichheiten. Berlin (Suhrkamp), S. 65–73

Murphy, J. et al. (2000a): A 40-year perspective on the prevalence of depression. The Stirling County study. In: Archives of General Psychiatry 52: 209–215

Murphy, J. et al. (2000b): Incidence of depression in the Stirling County study: Historical and comparative perspectives. In: Psychological Medicine 30: 505–514

Murphy, J. et al. (2004): Anxiety and depression: A 40-year perspective on relationships regarding prevalence, distribution, and comorbidity. In: Acta Psychiatrica Scandinavica 109: 355–375

Netterstroem, B. et al. (2008): The relation between work-related psychosocial factors and the development of depression. In: Epidemiological Reviews 30: 118–132

Ng, W. et al. (2009): Affluence, feelings of stress, and well-being. In: Social Indicators Research 94: 257–271

Niejahr, E. und K. Rudzio (2015): Der Fluch der frühen Rente. In: Die ZEIT Nr. 31, v. 30.7.2015, S. 17–18

Nilsson, E. et al. (2007): Point prevalence of neurosis in the Lundby study 1947–1997. In: Nordic Journal of Psychiatry 61: 33–39

Nolte, P. (2015): Demokratie und Gleichheit: Verbündete, Feinde, endlose Spannungen. In: S. Mau und N. Schöneck (Hg.): (Un-)Gerechte (Un-)Gleichheiten. Berlin (Suhrkamp), S. 195–205

n-tv/dpa (2015): Arbeit. Depressionen im Job: Urlaub und Schweigen sind tabu. http://www.n-tv.de/ticker/Beruf/Depression-im-Job-Urlaub

OECD (2010): Gesundheit auf einen Blick 2009. Verlag: Organisation of Economic Development (April 2010). Paris

OECD (2011a): Society at a Glance. Social Indicators. Chapter 6: Equity Indicators. Verlag: Organisation of Economic Development. Paris.

OECD (2011b): Growing Income Inequality in OECD Countries. Forum, Paris, 2 May 2011. www.oecd.org/els/social/inequality

OECD (2013): Health at a Glance 2013. Verlag: Organisation of Economic Development (November 2013). Paris

Olfson, M. et al. (2002): National trends in the use of psychotropic medication by children. In: Journal of the American Academy of Child and Adolescent Psychiatry 41: 514–521

Palley, T. (2012): From Financial Crisis to Stagnation. The Destruction of Shared Prosperity and the Role of Economics. Cambridge (Cambridge Univ. Press)

Peukert, H. (2013): Die große Finanzmarkt- und Staatsschuldenkrise. Eine kritisch-heterodoxe Untersuchung. Marburg (Metropolis) (5., aktualisierte Aufl.)

Pierenkämper, T. (2009): Wirtschaftsgeschichte. Die Entstehung moderner Volkswirtschaften. Berlin (Akademie Verlag)

Plümper, T. et al. (2009): Why is there no race to the bottom in capital taxation? In: International Studies Quarterly 53: 761–786

Plumpe, W. (2014): Zauberlehrlinge! Bemerkungen zu Wolfgang Streecks »Gekaufte Zeit«. In: Soziologische Revue 37: 11–19

Plumpe, W. und J. Scholtysek (2012) (Hg.): Der Staat und die Ordnung der Wirtschaft. Vom Kaiserreich bis zur Berliner Republik. Stuttgart (Steiner)

Priddat, B. (2003): Umverteilung: Von der Ausgleichssubvention zur Sozialinvestition. In: S. Lessenich (Hg.): Wohlfahrtsstaatliche Grundbegriffe. Historische und aktuelle Diskurse. Frankfurt a. M. und New York (Campus), S. 373–394

Putnam, R. (1995): Bowling alone: America's declining social capital. In: Journal of Democracy 6: 65–78

Putnam, R. (2007): E Pluribus Unum: Diversity and community in the 21st century. In: Scandinavian Political Studies 30: 137–174

Putnam, R. (2015): Our Kids. The American Dream in Crisis. New York (Simon and Schuster)

Radkau, J. (1998): Das Zeitalter der Nervosität. Deutschland zwischen Bismarck und Hitler. München und Wien (Hanser)

Rajan, R. (2010): Fault Lines. Verwerfungen. München (FinanzBuch Verlag) 2012

Rapoport, J. (2013): Pediatric psychopharmacology: too much or to little? In: World Psychiatry 12: 118–123

Rasmussen, N. (2008): America's first amphetamine epidemic 1929–1971. A quantitative and qualitative retrospective with implications for the present. In: American Journal of Public Health 98: 974–985

Rau, R. et al. (2010a): Untersuchung arbeitsbedingter Ursachen für das Auftreten von depressiven Störungen. Bundesanstalt für Arbeitsschutz und Arbeitsmedizin (Dortmund/Berlin/Dresden)

Rau, R. et al. (2010b): Is there a relationship between major depression and both objectively assessed and perceived demands and control? In: Work & Stress 24: 88–106

Reemtsma, J. P. (2008): Vertrauen und Gewalt. Versuch über eine besondere Konstellation der Moderne. Hamburg (Hamburger Edition)

Reiche, R. (1991): Haben frühe Störungen zugenommen? In: Psyche. Zeitschrift für Psychoanalyse und ihre Anwendungen 45: 1045–1066 [Nachdruck in R. Reiche (2004): Triebstruktur der Gesellschaft. Über den Strukturwandel der Psyche. Frankfurt a. M und New York (Campus), Kap. 2]

Richter, D. (2003): Psychisches System und soziale Umwelt. Soziologie psychischer Störungen in der Ära der Biowissenschaften. Bonn (Psychiatrie-Verlag)

Richter, D. et al. (2008): Nehmen psychische Störungen zu? Eine systematische Literaturübersicht. In: Psychiatrische Praxis 35: 321–330

Richter, D. und K. Berger (2013): Nehmen psychische Störungen zu? Update einer systematischen Übersicht über wiederholte Querschnittstudien. In: Psychiatrische Praxis 40: 176–182

Robert Koch-Institut (2012) (Hg.): Die Gesundheit von Erwachsenen in Deutschland (Informationsbroschüre) http://www.rki.DE/Content/Gesundheitsmonitoring/Studien/Deg

Robert Koch-Institut (2013) (Hg.): Studie zur Gesundheit Erwachsener in Deutschland – Ergebnisse aus der ersten Erhebungswelle (DEGS1). In: Bundesgesundheitsblatt Heft 5/6, S. 601–896

Roberts, R. et al. (1998): Prevalence of psychopathology among children and adolescents. In: American Journal of Psychiatry 155: 715–725

Rödder, A. (2014): Rückwärts in die Adenauerzeit. In: Frankfurter Allgemeine Sonntagszeitung Nr. 35, v. 31. 8. 2014, S. 21

Rödder, A. (2015): 21.0. Eine kurze Geschichte der Gegenwart. München (Beck)

Roelcke, V. (2005): Zivilisationskrankheit: Historisches und Systematisches zu einem Paradigma der Stress-Erkrankungen. In: Suva – Medizinische Mitteilungen 76: 32–43

Rosa, H. (2005): Beschleunigung. Die Veränderung der Zeitstruktur in der Moderne. Frankfurt a. M. (Suhrkamp)

Rosa, H. (2011): Beschleunigung und Depression – Überlegungen zum Zeitverhältnis der Moderne. In: Psyche. Zeitschrift für Psychoanalyse und ihre Anwendungen 65: 1041–1060

Riemann, F. (1975): Die schizoide Gesellschaft. München (Kaiser)

Rudzio, K. (2013): Malochen war früher. Unser Wohlstand steigt kontinuierlich, und wir müssen für unser Geld immer weniger arbeiten. In: Die Zeit Nr. 15, v. 4.4.2013, S. 35 (Serie: Vorsicht, gute Nachrichten! Teil 3)

R+V Versicherung (2015): Die Ängste der Deutschen.

Sacks, D. et al. (2012): Subjective wellbeing, income, economic development and growth. In: P. Booth (Hg.): … and the Pursuit of Happiness. Wellbeing and the Role of Government. London (The Institute of Economic Affairs), S. 59–97

SAMSHA (2012): Results from the 2011 national survey on drug use and health: Summary of national findings. http://store.samsha.gov/home

Sauer, S. (2015): Doppelt so viele Atteste. Aber die Zahl psychischer Erkrankungen ist laut einer Studie seit Jahren konstant. In: Frankfurter Rundschau Nr. 157, v. 10.7.2015, S. 40

Saunders, P. (2010/11): Beware false Prophets. Equality, the Good Society and the *Spirit Level*. London (Policy Exchange). www.policyexchange.org.uk (Australische Neuausgabe mit einer Antwort auf seine Kritiker unter dem Titel: When Prophecy Fails, Centre for Independent Studies 2011.)

Schildt, A. (2007): Die Sozialgeschichte der Bundesrepublik Deutschland bis 1989/90. München (Oldenbourg)

Schilling, R. et al. (2012): Pharmakologisches Neuroenhancement. Hg. Robert Koch-Institut Berlin. GBE-kompakt 3/2012. www.rki.de/gbe-kompakt

Schirm, S. (2013): Internationale Politische Ökonomie. Eine Einführung. Baden-Baden (Nomos/UTB) (3., aktualisierte und erweiterte Aufl.)

Schlack, H. (2004): Die neuen Kinderkrankheiten. In: Frühe Kindheit, Heft 6. http://liga-kind.de/fruehe/604_schlack.php

Schlack, H. (2013a): Sozialer Status, Gesundheit und Entwicklung von Kindern. In: Kinderärztliche Praxis 84: 79–85

Schlack, H. (2013b): Pädiatrische Primärprävention durch vorausschauende Beratung. In: Kinderärztliche Praxis 84: 86–88

Schleim, S. (2015): Kapitalismus und psychische Gesundheit. http://www.heise.de/tp/artikel/44/44137/

Schmacke, N. (2012): Häufigkeit seelischer Erkrankungen. Die Frage nach der »wahren« Realprävalenz ist kein akademischer Luxus. In: Gesellschaft und Gesundheit Wissenschaft (GGW) 15, Heft 3: 7–15

Schmiede, R. (2011): Macht Arbeit depressiv? Psychische Erkrankungen im flexiblen Kapitalismus. In: C. Koppetsch (Hg.): Nachrichten aus den Innenwelten des Kapitalismus. Wiesbaden (VS Verlag für Sozialwissenschaften), S. 113–138

Schmidt, M. G. (2005): Sozialpolitik in Deutschland. Historische Entwicklung und internationaler Vergleich. Wiesbaden (VS Verlag für Sozialwissenschaften) (3., vollständig überarbeitete und und erweiterte Aufl.)

Schöneck, N. et al. (2011): Gefühlte Unsicherheit – Deprivationsängste und Abstiegssorgen in der Bevölkerung in Deutschland. SOEPpaper No. 428, DIW Berlin

Schulte-Markwort, M. (2014): Wer nichts leistet, hat verloren. Interview. In: Die Zeit 6.4.2014. http://www.zeit.de/2014/14/schueler-burnout-jugendpsychiater

Schulte-Markwort, M. (2015): Burnout-Kids. Wie das Prinzip Leistung unsere Kinder überfordert. München (Pattloch)

Seiffge-Krenke, I. (2008): Schulstress in Deutschland: Ursachen, Häufgkeiten und internationale Verortung. In: Praxis der Kinderpsychologie und Kinderpsychiatrie 57: 3–19

Sell, S. (2015): Aktuelle Sozialpolitik. Der Kapitalismus macht depressiv! Aber ist das wirklich so? http://aktuelle-sozialpolitik.blogspot.de/2015/01/29-depressionen.html

Sen, A. (1999): Ökonomie für den Menschen. Wege zu Gerechtigkeit und Solidarität in der Marktwirtschaft. München (dtv) 2000

Sennett, R. (1998): Der flexible Mensch. Die Kultur des neuen Kapitalismus. Berlin (Berlin Verlag)

Shorter, E. (1992): Moderne Leiden. Zur Geschichte der psychosomatischen Krankheiten. Reinbek bei Hamburg (Rowohlt) 1994

Siegrist, J. und K. Siegrist (2014a): Stresstheoretische Modelle arbeitsbedingter Erkrankungen. In: P. Angerer et al. (Hg.): Psychische und psychosomatische Gesundheit in der Arbeit. Heidelberg u. a. (ecomed), S. 64–73

Siegrist, K. und J. Siegrist (2014b): Epidemiologische Zusammenhänge zwischen psychosozialen Arbeitsbelastungen und psychischen Erkrankungen. In: P. Angerer et al. (Hg.): Psychische und psychosomatische Gesundheit in der Arbeit. Heidelberg u. a. (ecomed), S. 84–90

Sinn, H.-W. (2010): Kasino-Kapitalismus. Berlin (Ullstein) (2., vollständig aktualisierte Aufl.)

Sinn, H.-W. (2012): Die Target-Falle. München (Hanser)

Sloterdijk, P. (2011): Stress und Freiheit. Berlin (Suhrkamp)

Snowdon, C. (2010): The Spirit Level Delusion. Fact-checking the Left's New Theory of Everything. North Yorkshire (Little Dice) and London (Democracy Institute)

Snowdon, C. (2011): The Spirit Level Delusion: Epilogue. http://spiritleveldelusion.blogspot.com/

Spießl, H. (2008): Nehmen psychische Störungen zu? In: Psychiatrische Praxis 35: 318–319

Spießl, H. und F. Jacobi (2008): Nehmen psychische Störungen zu? Pro und Kontra. In: Psychiatrische Praxis 35: 318–320

Spitz, R. (1946): Die anaklitische Depression. In: G. Bittner und E. Schmid-Cords (Hg.): Erziehung in früher Kindheit. München (Piper) 1969, S. 104–135

Steinhausen, H.-C. (2015): Recent international trends in psychotropic medication prescriptions for children and adolescents. In: European Child and Adolescent Psychiatry 24: 635–640

Stevenson, B. und J. Wolfers (2008): Economic growth and subjective well-being: Reassessing the Easterlin paradox. In: Brookings Papers on Economic Activity 39, Spring 2008: 1–87

Stockhammer, E. (2011): Polarisierung der Einkommensverteilung als strukturelle Ursache der gegenwärtigen Finanz- und Wirtschaftskrise. In: Wirtschaft und Gesellschaft 37: 378–402

Strack, J. et al. (2014): Will you thrive under pressure or burn out? In: Cognition and Emotion 3: 1–14

Streeck, W. (2009): Re-forming Capitalism. Institutional Change in the German Political Economy. Oxford (Oxford Univ. Press)

Streeck, W. (2011): Volksheim oder Shopping Mall? Die Reproduktion der Gesellschaft im Dreieck von Markt, Sozialstruktur und Politik. In: WestEnd. Neue Zeitschrift für Sozialforschung 8. Jg., Heft 2/2011: 43–64

Streeck, W. (2013): Gekaufte Zeit. Die vertagte Krise des demokratischen Kapitalismus. Berlin (Suhrkamp)

Stressreport Deutschland 2012 (2013): Psychische Anforderungen, Ressourcen und Befinden. Bundesanstalt für Arbeitsschutz und Arbeitsmedizin. (Dortmund/Berlin/Dresden)

Stress-Studie (2015): Burn-Out im Kinderzimmer: Wie gestresst sind Kinder und Jugendliche in Deutschland? und: Factsheet Bayer HealthCare. Bepanthen-Kinderförderung. Quelle: Bepanthen-Kinderförderung/Universität Bielefeld

Suhrcke, M. und D. Stuckler (2012): Will the recession be bad for our health? It depends. In: Social Science and Medicine 74: 647–653

Summer, E. (2008): Macht die Gesellschaft depressiv? Alain Ehrenbergs Theorie des »erschöpften Selbst« im Licht sozialwissenschaftlicher und therapeutischer Befunde. Bielefeld (transcript)

Taylor, E. (2013): Pediatric psychopharmacology: too much or to little? In: World Psychiatry 12: 124–125

Tennant, C. (2001): Work-related stress and depressive disorders. In: Journal of Psychosomatic Research 51: 697–704

Thompson, C. (2007): Die Tyrannei der Liebe. München (Antje Kunstmann) 2008

Trom, D. (2010): Zwei Tropismen. Die Krise der Gesellschaftskritik aus Pariser und Frankfurter Sicht. In: Mittelweg 36, Nr. 2, April/Mai 2010 (Literaturbeilage): 51–70

Türcke, C. (2012): Hyperaktiv! Kritik der Aufmerksamkeitsdefizitkultur. München (Beck)

Underwood, E. (2014): Can disparities be deadly? Controversial research explores whether living in unequal societies can make people sick. In: Science. Special Issue: The Science of Inequality. Vol. 344: 829–831

Unger, H.-P. (2007): Depression und Arbeitswelt. In: Psychiatrische Praxis 34 (supplement) 3: 256–260

UNICEF (2013): Child well-being in rich countries. A comparative overview. UNICEF Office of Research. Innocenti Report Card 11, Florence

Uutela, A. (2010): Economic crisis and mental health. In: Current Opinion in Psychiatry 23: 127–130

van den Daele, W. (2009a): Thesen zur ethischen Debatte um das Neuroenhancement. In: Deutscher Ethikrat (Hg.): Der steuerbare Mensch? Über Einblicke und Eingriffe in unser Gehirn (Jahrestagung des Deutschen Ethikrates 2009), S. 107–114 van den Daele, W. (2009b): Biopolitik, Biomacht und soziologische Analyse. In: Leviathan 37: 52–76

van Treeck, T. und S. Sturn (2012): Income inequality as a cause of the great recession? A survey of current debates. International Labour Office – Geneva. Conditions of Work and Employment Series N. 39

Veenhoven, R. (2001): Happiness in Society. In: J. Allmendinger (Hg.): Gute Gesellschaft? Opladen (Leske + Budrich), S. 1265–1314

Veenhoven, R. (2005): Is life getting better? How long and happily do people live in modern society? In: European Psychology 10: 330–343

Veenhoven, R. (2010): Life is getting better: Societal evolution and fit with human nature. In: Social Indicators Research 97: 105–122

Veenhoven, R. (2011): Glück als subjektives Wohlbefinden: Lehren aus der empirischen Forschung. In: D. Thomä et al. (Hg.): Glück. Ein interdisziplinäres Handbuch. Stuttgart und Weimar (Metzler), S. 397–403

Veenhoven, R. und M. Hagerty (2006): Rising happiness in nations 1946–2004: A reply to Easterlin. In: Social Indicators Research 79: 421–436

Vogel, B. (2009): Wohlstandskonflikte. Soziale Fragen, die aus der Mitte kommen. Hamburg (Hamburger Edition)

von Borstel, S. (2015a): Deutsche können sich auf steigende Löhne freuen. In: Die Welt, 26.6.2015, S. 10

von Borstel, S. (2015b): So arbeiten die Deutschen. In: Die Welt, 22.8.2015, S. 12

von Harnack, G.-A. (1958): Nervöse Verhaltensstörungen beim Schulkind. Eine medizinisch-soziologische Untersuchung. Stuttgart (Thieme)

von Weizsäcker, C.C. (2014): Public debt and price stability. In: German Economic Review 15: 42–61

Voß, G. (2010): Auf dem Weg zu einer neuen Verelendung? In: Vorgänge. Zeitschrift für Bürgerrechte und Gesellschaftspolitik 49: 27–37

Voß, G. und H. Pongratz (1998): Der Arbeitskraftunternehmer. Eine neue Grundform der Ware Arbeitskraft. In: Kölner Zeitschrift für Soziologie und Sozialpsychologie 50: 131–158

Voß, G. und C. Weiss (2013): Burnout und Depression – Leiterkrankungen des subjektivierten Kapitalismus oder: Woran leidet der Arbeitskraftunternehmer? In: S. Neckel und G. Wagner (Hg.): Leistung und Erschöpfung. Burnout in der Wettbewerbsgesellschaft. Berlin (Suhrkamp), S. 29–57

Vrecko, S. (2013): Just how cognitive is »cognitive enhancement«? On the significance of emotions in university students' experience with study drugs. In: AJOB Neuroscience 4 (1): 4–12

Vries, P. (2013): Decline of the West – Rise of the East? In: Journal of Modern European History 11: 315–328

Warnke, A. (2008): Suizid und Suizidversuche – Suizidalität. In: B. Herpertz-Dahlmann et al. (Hg.): Entwicklungspsychiatrie. Biopsychologische Grundlagen und die Entwicklung psychischer Störungen. Stuttgart und New York (Schattauer), S. 1006–1023 (2., vollständig überarbeitete und erweiterte Aufl.)

Weber, A. (2015): Wer krank wird, ist ein Verlierer. Ein Gespräch mit dem Arbeitsmediziner Andreas Weber. In: Frankfurter Allgemeine Zeitung Nr. 134, v. 13.6.2015, Beilage Beruf und Chance, S. C 2

Weiguny, B. (2013): »Mach mal langsam!« In: Frankfurter Allgemeine Sonntagszeitung Nr. 33, v. 31.3.2013, S. 21

Weimann, J. et al. (2012): Geld macht doch glücklich. Wo die ökonomische Glücksforschung irrt. Stuttgart (Schäffer-Poeschel)

Weiß, C. (2013): Von Angst- bis Zwangsstörung. Psychische Erkrankungen und ihre Verbreitung. In: R. Haubl et al. (Hg.): Belastungsstörung mit System. Die zweite Studie zur psychosozialen Situation in deutschen Organisationen. Göttingen (Vandenhoeck & Ruprecht), S. 186–206

Wetzel, D. (2015): Gute Arbeit 4.0 ist möglich. Interview mit Detlef Wetzel. http://www.igmetall.de/interview-mit-detlef-wetzel

Whitaker, R. (2010): Anatomy of an Epidemic. Magic Bullets, Psychiatric Drugs, and the Astonishing Rise of Mental Illness in America. New York (Crown)

White, S. (2000): Review article: Social rights and the social contract – Political theory and the new welfare politics. In: British Journal of Political Science 30: 507–532

White, S. (2010): Ethics (of the welfare state). In: F. Castles (Hg.): The Oxford Handbook of the Welfare State. Oxford (Oxford Univ. Press), S. 19–31

Widlöcher, D. (1983): Die Depression. Logik eines Leidens. München (Piper) 1986

Wilkinson, R. und K. Pickett (2009): Gleichheit ist Glück. Warum gerechte Gesellschaften für alle besser sind. Berlin (Tolkemitt Verlag bei Zweitausendeins) (2., verbesserte Aufl. 2010)

Will, H. (2005): Rezension von A. Ehrenberg (1998). In: Psyche. Zeitschrift für Psychoanalyse und ihre Anwendungen 59: 1012–1017

Willke, G. (2003): Neoliberalismus. Frankfurt a. M. und New York (Campus)

Winterhoff, M. (2008): Warum unsere Kinder Tyrannen werden. Oder: Die Abschaffung der Kindheit. Gütersloh (Gütersloher Verlagshaus)

Winterhoff-Spurk, P. (2005): Kalte Herzen. Wie das Fernsehen unseren Charakter formt. Stuttgart (Klett-Cotta)

Wittchen, H.-U. und F. Jacobi (2005): Size and burden of mental disorders in Europe – a critical review and appraisal of 27 studies. In: European Neuro-psychopharmacology 15: 357–376

Wittchen, H.-U. et al. (2011): The size and burden of mental disorders and other disorders of the brain in Europe 2010. In: European Neuropsychopharmacology 21: 655–679

Wong, A. et al. (2014): The variation of psychopharmacological prescription rates for people with autistic sprectrum disorder (ASD) in 30 countries. In: Autism Research 2014. doi: 10.1002/aut.1391

Wrong, D. (1961): The oversocialized conception of man in modern sociology. In: American Sociological Review 26: 183–193

Zepf, K. und C. Lahmann (2014): Burnout. In: P. Angerer et al. (Hg.): Psychische und psychosomatische Gesundheit in der Arbeit. Heidelberg u. a. (ecomed), S. 439–448

Ziehe, T. (1975): Pubertät und Narzißmus. Sind Jugendliche entpolitisiert? Frankfurt a. M. und Köln (Europäische Verlagsanstalt)

Zito, J. et al. (2008): A three-country comparison of psychotropic medication prevalence in youth. In: Child and Adolescent Psychiatry and Mental Health: 2/26. doi:10.1186/1753-2000-2-26

Namen- und Sachregister